Olivia Grant

사랑하는 내 한국 친구들!
책으로 저와 재미있게 영어 공부해요.
사랑해요. ♡

— 올리버쌤

올리버쌤의
실전
영어
꿀립
Oliver English
100

1억 2천만 뷰를 돌파한 유튜브 최강의 영어 강의

올리버쌤의
실전 영어 꿀팁
Oliver's English

100

Do it!
...

올리버 샨 그랜트 지음

위즈덤하우스

재밌어서 저절로 입이 트이는
1일
1표현
100일
영어공부법

잘못된 표현으로 생기는 오해와 말문이 막히는 순간들을
미국인(A)과 한국인(K)의 대화 상황으로 담아봤어요.

1일 1표현 매일 5분씩 100일이면
원어민처럼 자연스럽게 말할 수 있어요.

요즘 미국인들이 흔히 사용하는
리얼 표현만 콕콕 집어 알려드립니다.

---

001   some처럼 '어떤'으로도 쓰는 this

K   Hey. What's up?
어, 무슨 일 있어?

A   I saw this creepy guy in the bathroom.
▶ 아빠: 화장실에서 변태 같은 이 남자 봤어.
He kept rubbing his hands and grinning at me.
손을 막 비벼면서 날 째려보며 웃더라고.

K   This creepy guy?
변태 같은 이 남자?
Mr. Johnson did that? He's sitting right next to me!
내 옆에 앉아 있는 이 존슨 선생님 말이야?

미국인 친구와 대화하거나 미국인끼리 대화하는 것을 듣다 보면 this라는 단어가 많이 들릴 거예요. 여러분도 잘 알다시피 this는 가까이 있는 것이나 아까 말한 것을 다시 말하는 '이것'이라는 지시 대명사죠. 하지만 항상 그런 의미로 해석되지는 않아요. 구어체로는 some처럼 '어떤'이라는 뜻으로도 쓰거든요. 즉, some creepy guy는 this creepy guy와 똑같은 의미가 될 수 있습니다. 사실 구어체 표현이다 보니 교과서에도 나오지 않아서 영화 자막이나 책에서 잘못 번역한 경우가 많더라고요. 하지만 여러분은 이제 알게 됐으니까 앞으로 실제 대화에서 this를 들으면 상황에 맞게 잘 이해할 수 있을 거예요!

▶ **EXPRESSIONS** 이렇게 말해보세요

● I saw this creepy guy in the bathroom earlier.
아까 화장실에서 어떤 변태 같은 남자를 봤어.

● I know this guy that can run faster than a horse.
나 말보다 더 빨리 달리는 어떤 사람 알아.

● There's this girl that I like, but I found out she has a boyfriend.
내가 좋아하는 어떤 여자가 있는데, 보니까 남자친구 있나 봐.

● There's this really good Italian restaurant behind my house.
우리 집 뒤에 어떤 끝내주는 이탈리아 레스토랑이 있어.

16

17

QR코드를 찍으면 유튜브 강의 영상으로 바로 연결됩니다. 올리버쌤의 익살스러운 상황극을 보다 보면 머리에 쏙쏙~ 입에서 술술~ 영어가 드디어 재밌어져요!

한국인이 자주 틀리는 부분을 바로잡아주고 한국어와 영어의 미묘한 뉘앙스 차이를 짚어주는 올리버쌤의 꿀팁을 만나보세요.

유튜브 구독자 댓글 중
재치 있는 질문이나 영어 궁금증 등을
뽑아 올리버쌤이 답해드려요.

한국과 미국의 문화 차이,
올리버쌤의 재밌는 경험담, 추가 표현 등
앞에서 다루지 못한 또 다른 이야기들로
영어공부가 더 즐거워집니다.

10개 표현마다 공부한 내용을 복습해볼 수 있는 리뷰
퀴즈를 풀어보세요.

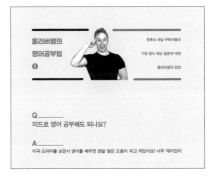

퀴즈 이후에는 유튜브 구독자들이 가장 많이 질문한
영어공부의 어려움에 대해 올리버쌤이 답해줍니다.
3개 국어에 능통한 올리버쌤만의 영어공부팁! 놓치지
마세요.

▶ 케이크앱으로 공부한 내용을 확실한 내 것으로 만드세요!

❶ 케이크앱 실행 후 하단의 지구본 모양 아이콘을 클
릭해주세요.

❷ 돋보기 아이콘 옆으로 [2+책의 차례 번호] 네 자리
숫자를 입력해주세요. 차례 번호가 001이면 2001
로 검색하시면 됩니다.

케이크앱은 올리버쌤의 영어 표현을 원어민들이
실생활에서 어떻게 사용하는지 반복해서 들어보
고, 나의 발음도 평가받을 수 있는 100% 무료 앱
입니다.

시작하며

안녕하세요, 올리버쌤입니다!

여러분은 요즘 어떻게 지내세요? 사랑하는 가족, 친구들과 즐거운 시간 보내고 계신가요? 여기서 고백해도 될지 모르겠지만, 저는 요즘 사실 조금 힘들어요. 은평구에서 살면서 출근할 때마다 편의점에 들러 사 먹던 커피우유, 퇴근길에 늘 마주하던 저녁노을과 붉게 물든 하늘을 배경으로 펼쳐진 북한산 자락, 장 보러 나온 사람들로 북적이던 활기찬 시장 등등 한국에서 누렸던 사소한 일상들이 많이 생각나요. 특히 지난겨울에는 뜨끈뜨끈하게 구운 호박고구마에 차갑고 아삭아삭한 김치를 얹어 먹던 맛이 생각나서 너무 힘들었어요. 엄마나 미국인 친구에게 제 고민을 토로해봤지만 아무도 제 마음을 이해하지 못하더군요. 미국산 고구마로 흉내를 내보려고 했지만 그 맛이 나지 않았어요.

이렇게 향수병으로 고생하던 와중에 두 번째 책을 쓸 기회가 저에게 찾아왔어요. 모든 게 여러분이 제 첫 책에 보내주신 사랑 덕분입니다! 첫 번째 책을 쓸 때도 부족한 한국어 때문에 아주 힘들었는데, 부끄럽지만 이번에도 여전히 많이 힘들더라고요. 제가 쓰는 어휘가 어색하지는 않은지, 어떻게 설명해야 여러분이 쉽게 이해할 수 있을지 고민을 하다 보니 시간이 바람처럼 빨리 지나가버렸어요. 글이 잘 써지지 않는 날에는 노트북을 들고 별다방을 찾곤 했는데, 커피만 두세 잔 마시고 고작 한 줄 쓰고 집으로 돌아오는 날이 많았어요. 다행히 책 쓴다고 키보드와 사전 앞에서 쩔쩔매는 동안 향수병은 본의 아니게 극복하게 된 것 같지만요. 😊

요즘 들어 더 많이 드는 생각인데, 제가 한국어를 배우면 배울수록 여러분이 영어를 배우면서 느낄 좌절이나 고민이나 답답함을 저도 비슷하게 겪는 것 같아요. 배우는 언어는 서로 다르지만 외국어 학습자라면 다 비슷한 경험을 하겠죠? 사실 저도 아직 한국어를 배우는 학생이기 때문에 한국어 책이나 교재를 자주 사 보게 되는데, 아무리 좋은 책이라도 한 가지씩 아쉬운 점은 꼭 생기더라고요. 한 단원을 끝내고 나면 남들도 다 궁금해할 법한 질문들이 떠오르곤 하는데, 책으로는 해소가 안 될 때가 많았어요. 그때마다 궁금증이 해소되지 않아서 간지러운 곳을 시원하게 긁지 못하는 기분이 들었지만, 주위에 마땅히 물어볼 데도 없었죠.

그래서 지난 책과 마찬가지로 이번 책에서도 여러분이 제 책을 보며 궁금해할 질문들을 미리 유추해보고 대답하려고 노력했어요. 무엇보다 감사한 것은 여러분이 제 영상을 보고 댓글로 정말 좋은 질문들을 많이 해주셨다는 거예요. 평소에도 여러분이 남겨주신 댓글은 하나하나 다 읽어보는데, 책을 집필하면서 다시 하나하나 훑어보게 되었어요. 예상 가능한 질문이나 평범한 질문도 많지만, 가끔은 저도 생각지 못했던 기발하고 놀라운 질문도 있었어요. 덕분에 평소 떠올려보지 못한 다양한 생각들을 해볼 수 있었고, 제 모국어인 영어에 대해 더 깊이 공부하는 기회가 되었답니다.

결국 이번 책도 여러분과 함께 쓴 책이 되었네요. 한국어를 처음 배우던 열다섯 살 시절의 저는 한국어로 책을 쓰는 순간이 올 거라곤 상상도 하지 못했어요. 그리고 여전히 한국어를 배우고 있는 학생으로서, 이렇게 한국어로 책을 낸다는 것은 아주 귀하고 멋진 경험이라고 생각합니다. 이 모든 게 제 친구가 되어주고 언어적으로, 문화적으로 소통해준 여러분 덕분입니다. 저와 함께 쓴 이 책을 통해 여러분도 영어와 더 가까워지는 진귀하고 행복한 경험을 해보시길 바라요. 다시 한 번 감사하고, 사랑합니다. 😊💕

차례

Lesson 1 미국인이 의외의 뜻으로 자주 쓰는 표현들

Lesson 2 현지에선 안 통하는 한국식 영어 ❶

Lesson 3 현지에선 안 통하는 한국식 영어 ❷

Lesson 4 교과서로는 절대 못 배우는 아찔한 표현들

Lesson 5 우리말 어감을 살려주는 영어 표현들

Lesson 6 한국인 대부분이 잘못 알고 쓰는 표현들 ❶

Lesson 7 한국인 대부분이 잘못 알고 쓰는 표현들 ❷

Lesson 8 오해 없이 소통하기 위한 감정 표현들

Lesson 9 현지에서 더욱 빛을 발하는 표현들

Lesson 10 한국인이 어려워하는 표현 상황별 마스터

Lesson 1

미국인이
의외의 뜻으로
자주 쓰는 표현들

Oliver's English

001 some처럼 '어떤'으로도 쓰는 this

K **Hey. What's up?**

야, 무슨 일 있어?

A **I saw this creepy guy in the bathroom.**

▶ **이해:** 화장실에서 변태 같은 이 남자 봤어.

He kept rubbing his hands and grinning at me.

손을 막 비비면서 날 쳐다보며 웃더라고.

K **This creepy guy?**

변태 같은 이 남자?

Mr. Johnson did that? He's sitting right next to me!

내 옆에 앉아 있는 이 존슨 선생님 말이야?

 ★ 미국인 친구와 대화하거나 미국인끼리 대화하는 것을 듣다 보면 this라는 단어가 많이 들릴 거예요. 여러분도 잘 알다시피 this는 가까이 있는 것이나 아까 말한 것을 다시 말하는 '이것'이라는 지시 대명사죠. 하지만 항상 그런 의미로 해석되지는 않아요. 구어체로 는 some처럼 '어떤'이라는 뜻으로도 쓰거든요. 즉, some creepy guy는 this creepy guy와 똑같은 의미가 될 수 있습니다. 사실 구 어체 표현이다 보니 교과서에도 나오지 않아서 영화 자막이나 책에 서 잘못 번역한 경우가 많더라고요. 하지만 여러분은 이제 알게 됐 으니까 앞으로 실제 대화에서 this를 들으면 상황에 맞게 잘 이해할 수 있을 거예요!

● **I saw this creepy guy in the bathroom earlier.**

아까 화장실에서 어떤 변태 같은 남자를 봤어.

● **I know this guy that can run faster than a horse.**

나 말보다 더 빨리 달리는 어떤 사람 알아.

● **There's this girl that I like, but I found out she has a boyfriend.**

내가 좋아하는 어떤 여자가 있는데, 보니까 남자친구 있나 봐.

● **There's this really good Italian restaurant behind my house.**

우리 집 뒤에 어떤 끝내주는 이탈리아 레스토랑 있어.

▶ YouTube TALK

구독자 코멘트
성별이 애매해 보일 땐 this person이라고 하나요?
👍 👎

 아주 좋은 질문입니다. 상대방의 성별을 잘 모르는 상황에서 잘못 말하면 크게 상처 줄 수 있으니까요. 이런 경우에 미국인들은 보통 person, someone, somebody 표현을 주로 사용합니다. 가장 안전해요.

- Who is this <u>person</u>?
  이 사람 누구야?

- There's a <u>person</u> behind the door.
  문 뒤에 사람이 있어.

- Did you see that <u>person</u> that was here earlier?
  조금 전에 여기 있던 그 사람 봤어?

- <u>Somebody</u>'s in the bathroom.
  화장실에 누가 있어.

- <u>Someone</u> stopped by my house today.
  오늘 어떤 사람이 우리 집에 잠깐 들렀어.

002 힘들고 끔찍하고 괴로울 땐 not fun

A Hey, Jiho. What happened?
지호야. 무슨 일이야?

K 아, 나 어제 차에 부딪혀서 팔 부러졌어. I broke my arm….

A Oh, no! That sounds horrible! How long do you have to wear your cast?
아이고! 끔찍해라! 깁스 얼마나 오래 해야 한대?

K 아, 3개월이나 해야 한대! 3 months!

A That's not fun at all.
▶ **이해:** 그거 재미 하나도 없겠다.

K Not fun? 재미없다고? 너는 무슨 깁스를 재미로 하냐?!

★ fun이 무슨 뜻이죠? 맞아요. 재밌다는 뜻이죠? 그래서 많은 분들이 not fun이라는 말을 재미없다는 뜻으로 오해하는 것 같아요. 실제로 영화 자막이나, 미드 자막을 보면 not fun을 재미없다고 번역한 경우가 많더라고요. 하지만 이 말의 뜻은 '재미없다'가 아니라 '괴롭다'에 가깝습니다. 풀어서 설명하자면 '즐길 만한 것이 전혀 없어서 괴로움만 남다'라고 할 수 있겠어요. 힘든 일, 끔찍한 일, 괴로운 일을 묘사할 때 자주 쓰는 표현이에요. 여러분에게는 어떤 일이 가장 not fun인가요? 저는 설거지를 정말 싫어하거든요. 그래서 이렇게 말할 수 있어요. Washing dishes everyday is not fun!!

★ 진짜 '재미없다'를 표현하고 싶으면 entertaining의 반대말인 boring이나 lame을 쓰면 된답니다.

19

● **You're doing your taxes today? Well, that's <u>not fun</u>.**

오늘 세금 정리하고 있어? 아이고, 괴롭겠다.

● **You have three tests today? That's <u>not fun</u> at all.**

오늘 시험 3개나 있어? 정말 괴롭겠네.

● **You have to work on Christmas? That <u>doesn't</u> sound like <u>fun</u>.**

크리스마스에 일한다고? 괴로울 것 같네.

● **You have homework on a Friday? That <u>can't</u> be <u>fun</u>.**

금요일에 숙제한다고? 힘들겠다.

● **I had to walk for an hour to get to the gas station. It <u>wasn't fun</u>.**

나 한 시간 동안 주유소까지 걸어가야 했어. 힘들었어.

YouTube TALK

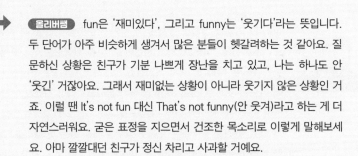

구독자 코멘트

장난이 심한 친구한테 정색하면서 '재미없거든?'이라고 하고 싶은데, It's not fun이라고 하면 될까요?

👍 👎

ㄴ (올리버쌤) fun은 '재미있다', 그리고 funny는 '웃기다'라는 뜻입니다. 두 단어가 아주 비슷하게 생겨서 많은 분들이 헷갈려하는 것 같아요. 질문하신 상황은 친구가 기분 나쁘게 장난을 치고 있고, 나는 하나도 안 '웃긴' 거잖아요. 그래서 재미없는 상황이 아니라 웃기지 않은 상황인 거죠. 이럴 땐 It's not fun 대신 That's not funny(안 웃겨)라고 하는 게 더 자연스러워요. 굳은 표정을 지으면서 건조한 목소리로 이렇게 말해보세요. 아마 깔깔대던 친구가 정신 차리고 사과할 거예요.

003

알 수 없는 먼 미래는
down the road

A Jonghoon. How do you like being married?

종훈아, 결혼 생활 어때?

K It's wonderful!

엄청 좋아!

A Cool! What about kids? Will you have kids someday?

그렇구나! 그런데 애는? 계획 있어?

K 글쎄. Maybe very very later!

▶ **의도:** 아마 한참 나중에!

뭔가 먼 미래를 말하는 동시에 그 시기가 뚜렷하지 않을 때 한국말로 '한참 뒤에', '나중에'라고 하잖아요. 이걸 영어로는 뭐라고 할까요? very를 여러 번 써서 거리감을 강조하면 될까요? 아니면 사전에 나오는 것처럼 long after를 써야 할까요? 아마 시간에 대한 표현이 한국어랑 영어랑 너무 다르다 보니까 사전도 정확하지 않을 때가 많고, 영어를 공부하는 분들도 실수를 자주 하는 것 같아요. 하지만 걱정 마세요! 오늘 표현에서 여러분 모두 확실하게 알고 넘어갈 수 있을 테니까요. 앞으로 정확하지 않은 먼 미래를 영어로 말할 때는 down the road라고 해보세요. 미국인들은 시간을 뭔가 타임라인처럼 생각하거든요. 그래서 타임라인에서 뒤로 갈수록, '길' 아래로 내려갈수록 먼 미래를 의미한답니다.

● **This could cause problems** down the road.

그거 한참 뒤에 문제 될 텐데.

● **I'll finish that** further down the road. **Not today!**

그거 한참 뒤에 끝낼 거야. 오늘 말고!

★ 더 먼 미래에 대해 추상적으로 말할 때 further라고 해요.

● **Do I want kids? Maybe** further down the road.

애 낳고 싶냐고? 아마 한참 뒤에.

● **You don't have to worry about this until** further down the road.

이거 한참 뒤에 걱정해도 돼.

▶ YouTube TALK

구독자 코멘트
down 대신 up을 써서 up the road라고 하면 '한참 전'이 되나요?

 올리버쌤 아이고! up the road라고 하면 반대말이 된다고 느끼실 수 있겠네요. 그런데 안타깝게도 숙어에는 수학 같은 논리가 적용되지 않는답니다. 😭 그 대신 '한참 전'을 뜻하는 비슷한 영어 표현이 있어요. 바로 way before입니다. way는 '한참'이고 before는 '전'이라는 뜻이에요. 이 표현을 어떻게 사용하는지 예문으로 보여드릴게요.

- I knew what happened <u>way before</u> it was on the news.
  그거 뉴스에 나오기 한참 전에 난 무슨 일인지 알았지.

- I met her <u>way before</u> you.
  난 네가 알기 훨씬 전에 그녀를 만났어.

- He started working here <u>way before</u> Alex.
  걔 알렉스가 일하기 한참 전부터 여기서 일했는데.

- I started skateboarding <u>way before</u> you were born.
  네가 태어나기 한참 전부터 난 스케이트보드를 탔단다.

004 주어 없이 말할 땐 you를 써라

A　Hey! Mexico was a blast!

안녕! 멕시코 휴가 진짜 재밌었어!

K　좋았겠네… Did you have fun at the beach?

해변에서 재미있게 놀았냐?

A　Yeah!

응!

The water was so clear that you could see all the fish and coral.

▶ **이해:** 물도 너무 깨끗해서 너는 물고기랑 해초도 볼 수 있었어.

K　내가 뭘 본다고? 무슨 소리야! 나는 여기서 계속 일하고 있었는데.

A　What?

뭐?

you는 '당신'을 꼬집어서 말할 때뿐만 아니라 일반적인 사람, 즉 people의 의미로도 쓸 수 있어요. 이걸 문법적으로 generic 'you'라고 하는데요, 글을 쓸 때 주로 사용하는 one 대신(One could see all the fish) 대화할 때 좀 더 부드럽고 캐주얼하게 표현하기 위해 쓰는 거예요. 한국말로도 '술 먹고 운전하면 안 돼요', '나이 들면 암기가 더 힘들어져요' 등등 주어 없이 말할 때가 있잖아요. 이런 문장을 영어로 말할 때 주어 자리에 you를 쓰면 된답니다. 여러 가지 예문으로 느낌을 잡아보고, 앞으로 일반적인 상황을 묘사할 때 유용하고 쉽게 말해보세요!

● **I heard that the pollution is so bad in Seoul that you can hardly breathe.**

서울 공기가 나빠서 사람들이 숨 쉬기 힘들다고 들었어.

● **I heard that you have to study a lot harder to get a job these days.**

요즘 취업하려면 더 열심히 공부해야 한대요.

● **You can't always get what you want.**

원하는 걸 항상 얻을 수는 없죠.

● **You normally eat turkey at Thanksgiving.**

사람들은 추수감사절에 보통 칠면조를 먹어요.

▶ YouTube TALK

구독자 코멘트

they도 '일반적인 사람'이라는 뜻으로 사용할 수 있다고 들었어요. 알려주신 예문에서 you 대신 they를 써도 되나요? you와 they의 의미 차이가 궁금합니다.

👍 👎

 올리버쌤 흠… 제가 알려드린 문장과 상황에서 you대신 they를 사용하면 어색합니다. they와 관련된 유익한 정보와 표현도 알려드릴게요. 여러분이 어떤 뉴스 기사나 학교 교과서에서 재미있는 정보를 배웠는데, 이것을 남에게도 전해주고 싶어요. 이런 경우에 They say that~ 표현을 쓸 수 있어요. 이때 they는 '나보다 더 잘 아는 사람'이라는 뜻으로 해석하면 됩니다. 아마 과학자나 다른 전문가들이겠죠? 예문으로 어떻게 이 표현을 쓰는지 보여드릴게요.

- They say that all cars will be self-driving by 2030.
  2030년쯤엔 모든 차들이 자동운행될 거라고 하더라.

- They say that elephants never forget.
  코끼리들은 절대 안 잊는다고 하더라.

- They say that rest is the best way to get over a cold.
  감기 회복엔 쉬는 게 최고라고 하더라.

- They say that we are living in the most peaceful time in history.
  우리가 최고로 평화로운 시대에 살고 있다고 하더라.

005 spoil이 가진 정반대의 뜻 두 가지

K 오늘 마이크 생일이지? Happy birthday!

생일 축하해!

A Wow! You got me a present?

와! 나 선물 주는 거야?

K Yes! It's your birthday!

응! 네 생일이잖아!

A Aww··· Thank you for spoiling me!

▶ **이해:** 어휴··· 날 망쳐줘서 참 고맙다.

K Spoil you? 망쳐? 내 선물이 맘에 안 드는 거야? 😩

 ★ spoil이라는 단어를 보면 '망치다'라는 뜻이 가장 먼저 생각나시나요? 하지만 이 단어에는 그런 뜻만 있는 게 아니랍니다. '너무 잘해주다', '너무 행복하게 해주다'라는 뜻도 있어요. 잠깐, 그런데 '망치다'라는 뜻과 '행복하게 해준다'라는 뜻은 정반대인데 어떻게 이렇게 반대로도 해석할 수 있는 걸까요? 누가 너무 대접을 잘 해주고 공주나 왕자처럼 대우해준다고 생각해보세요. 아주 행복하겠죠! 그런데 그런 대접이 매일매일 반복되면 결국 그것에 익숙해지고 버릇이 잘못 들 수 있잖아요. 바로 그런 논리를 생각하시면 됩니다. 그래서 엄마가 너무 잘해줘서 버릇없어진 애들을 spoiled child라고 해요. 저는 식탁에 김치가 없으면 괜히 투정 부리게 되고 뉴욕에서 지하철 탈 때마다 더럽고 노후된 시설에 짜증이 나요. 아마 오랫동안 한국에서 맛있는 한식을 먹고 좋은 시설에 익숙해져 있다 보니 버릇이 잘못 든 것 같네요.

28

● **You don't have to spoil me like that.**

그렇게 잘해주지 않아도 돼.

● **I felt so spoiled when I was on vacation.**

나 휴가 동안 너무 좋았어.

★ 아마 매일 재미있게 놀다 보니 일상생활 적응을 못 할 지경인가 보군요!

● **His parents buy him a new car every year. He's so spoiled!**

그 친구 부모님은 해마다 새 차를 사 주신대. 걔 버릇 잘못 들겠다!

● **He spoiled his girlfriend by taking her shopping every weekend.**

그 친구가 주말마다 여자친구 쇼핑시켜줘서 버릇을 다 망쳐놨어.

● **She spoiled her boyfriend by cooking dinner every day.**

그 친구가 매일 남자친구한테 저녁 만들어줘서 버릇을 다 망쳐놨지.

YouTube TALK

구독자 코멘트

저는 미드를 자주 보는데 She's spoiled rotten이라는 말을 봤어요. spoiled 뒤에 rotten은 왜 붙는 거예요?

👍 👎

올리버쌤 spoil이라는 단어를 '상하다'라는 의미로도 쓸 수 있는 거 아시나요? 예를 들면 우유 맛이 살짝 갔을 때 The milk is spoiled라고 할 수 있어요. 그리고 썩기 시작하면, 상한 상태를 더욱 강조하기 위해서 썩었다는 뜻인 rotten을 붙여서 The milk is spoiled rotten이라고 말해요. 그래서 이 표현을 사람을 묘사할 때 사용하면, 원하는 것을 모두 받고 버릇이 없어진 상태를 의미하게 됩니다. 그냥 spoiled도 아니고 spoiled rotten이라니, 굉장히 버릇이 없다는 뜻이겠죠?

006 '뭐라고 쓰여 있어?'라고 물을 땐 write 대신 say

A   So what did you do last weekend?

지난 주말에 뭐 했어?

K   Oh! I went to a lake!

오! 나 호수에 갔었어!

A   Wow! Did you go swimming?

이야! 수영도 했겠네?

K   그러려고 했는데 표지판에 들어가지 말라고 쓰여 있더라고. 음… '쓰여 있다'를 뭐라고 하지? write?

A   What did you say?

뭐라고?

K   I found a sign which was written…
that… swimming is not allowed…!

▶ **의도:** 나 표지판 봤는데 거기에 이렇게 적혀 있었어… 수영하지 말라고…!

여행 지도를 보면서 설명할 때, 어떤 물건의 사용설명서를 보면서 친구랑 이야기할 때 '야, 지도에 뭐라고 쓰여 있어?', '설명서에 이렇게 적혀 있어' 하는 식의 대화를 하게 되죠? 한국어로는 아주 쉽게 말할 수 있는 이 표현을 영어로 말하자니 골치 아파지는 경우가 많을 거예요. 아마 '쓰다'에 집중해서 write를 사용하려다 보니 그런 거겠죠? 물론 그것도 가능하지만 더 쉽고 캐주얼한 방법이 있어요. 그냥 say를 쓰면 됩니다! say를 '말하다'로만 알고 있어서 좀 어색한 느낌이 드나요? 하지만 이 동사의 사용을 꼭 사람에게만 한정할 필요는 없답니다. 예문으로 느낌을 확실히 잡아보세요!

- ## The sign says no swimming allowed.
  표지판에 수영 금지라고 쓰여 있어요.

- ## The sign says no outside food or drinks allowed.
  표지판에 외부 음식 반입 금지라고 쓰여 있어요.

- ## It says it requires two double a batteries.
  설명서에 AA 배터리가 두 개 필요하다고 쓰여 있네.

- ## What do the instructions say?
  설명서에는 뭐라고 쓰여 있어?

- ## What does the book say?
  책에서는 뭐래?

▶ YouTube TALK

구독자 코멘트

indicate도 같은 뜻으로 알고 있는데, say와 같이 쓸 수 있나요?

👍 👎

 올리버쌤 상황에 따라 달라요. 예를 들어서 간판에 있는 '글'을 읽고 남에게 뭐라고 쓰여 있는지 알려주는 경우에는 indicate라고 하면 어색합니다. 하지만 간판에 글 대신 '그림'이 있을 때는 indicate를 써도 괜찮아요. 그래서 연료계를 fuel indicator라고 하는 거예요. '이제 기름이 많지 않아요'라는 문장을 읽는 게 아니라 연료계를 보고 판단하는 거니까요. indicate는 지표나 그래프를 보고 판단할 때 주로 쓰기 때문에 특히 과학적인 연구에 대한 기사에서 자주 볼 수 있어요. 예문 몇 개 더 보여드릴게요.

- The sign indicates that there are deer in the area.
  이 지역에 사슴이 있다고 표지판에 나와 있네.
  ★ 글 대신에 사슴 그림이 있는 간판을 봤나 봐요.

- Research indicated that global temperatures are rising.
  연구자들은 지구의 온도가 올라가고 있다고 분석했다.
  ★ 연구자들이 데이터를 보고 분석했나 봐요.

- The study indicated that olive oil is a healthy fat.
  올리브 오일이 몸에 좋다고 연구가 밝혔다.
  ★ 많은 자료를 보고 분석했나 봐요.

007 '단둘'이라는 의미로도 쓰는 alone

K Hey, Jimmy! What's up?

지미야, 뭐 해?

A Um··· I'm at home watching a movie with my girlfriend.

음··· 나 여자친구랑 집에서 영화 보는 중인데.

K 와! 재밌겠다. 나도 놀러 가도 돼?

A Well··· Honestly, I want to be alone with her.

▶ **이해:** 음··· 솔직히 나 여자친구랑 혼자 있고 싶은데.

K Alone? 혼자 있고 싶다고? 아니 여자친구 있다면서!! 됐어! 치사해서 안 간다!!

여러분, alone이 무슨 뜻일까요? 혼자라는 뜻일까요? 영화 〈나 홀로 집에〉의 영어 제목이 'Home Alone'인 탓인지 많은 분들이 그 뜻을 '혼자'로 알고 계신 것 같아요. 아주 틀렸다고는 할 수 없지만, 꼭 그렇게만 알고 있으면 가끔 문제가 생길 수도 있어요. '혼자'라는 말은 아무도 없이 딱 혼자만 있는 것을 뜻하지만, alone은 꼭 한 사람만 있다는 뜻보다 '다른 사람 없이'라고 번역하는 것이 더 정확하거든요. 그래서 문맥에 따라 '혼자'라는 뜻이 될 수도 있고 '둘만'이라는 뜻이 될 수도 있어요. 그래서 '다른 사람 방해 없이 우리 둘만 놀자', '우리 둘만 이야기하자!' 하는 식으로 말할 때도 자주 쓸 수 있습니다!

● **Can we talk <u>alone</u> for a minute?**

잠깐 우리 둘만 얘기할 수 있을까?

● **I want to be <u>alone</u> with you tonight.**

오늘 밤에 우리 둘만 있고 싶은데.

● **I'd like to spend some time <u>alone</u> with you.**

너랑 단둘이 시간을 보내고 싶어.

● **She shouldn't be <u>alone</u> with him. He's a total psychopath!**

걔 그 남자랑 단둘이 있으면 안 돼. 변태 사이코란 말이야!

● **Putin and Trump met <u>alone</u> for an hour.**

푸틴과 트럼프가 한 시간 동안 단둘이 만났어요.

▶ YouTube TALK

구독자 코멘트
서너 명만 이야기할 때는 뭐라고 해요?

👍 👎

 좋은 질문이네요! 맞아요. 두 명이 넘어갈 때 alone을 쓰면 어색하게 들릴 수 있어요. 세 명 혹은 네 명이라도 비밀리에 대화하는 걸 표현하고 싶다면 in private을 사용해보세요. 느낌이 잘 살거든요!

- The three women spoke together in private.
  그 숙녀 세 분이 자기들끼리 조용히 얘기하더라고.

- The band discussed the issue in private.
  밴드 맴버들끼리 그 이슈에 대해 조용히 의논했어요.

- The managers talked together in private.
  매니저들끼리 조용히 이야기했어요.

- I'd like to speak to you in private.
  너랑 둘이 조용히 이야기하고 싶어.

★ 둘만 있는 상황에서도 in private을 쓸 수 있어요.

008 '젊은이'로도 쓰는 kid

A1 Hey, did you just see that Korean kid walk in here?

▶ **이해:** 저기, 방금 들어온 한국 어린이 봤어?

A2 I did! I think I saw that kid around here yesterday.

▶ **이해:** 저 어린이 이 근처에서 어제도 본 것 같은데….

K 뭐야, 저 미국인들 내 얘기 하나? 그런데 왜 날 어린이라고 부르는 거야? 난 스물아홉 살인데!! 애로 보이나?

가끔 미국에서 유학 중인 구독자들에게 고민 메시지를 받는데요, 나이가 꽤 있는데 미국인들에게 kid 소리를 자주 듣는다며 무슨 의미냐고 묻는 내용이 꽤 있었어요. 혹시 자신이 키가 작고 말라서 만만하게 보는 건지, 아니면 너무 어려 보여서 그런 건지 많이들 궁금해하시더라고요. 아마 kid를 어린이라는 뜻으로 알고 있다 보니 그렇게 생각하시는 것 같아요. 하지만 오늘부터 오해를 푸셔도 될 것 같습니다. kid는 꼭 어린이라는 뜻이 아니니까요! 미국에서는 청소년이나 젊은 성인에게도 kid라고 할 수 있어요. 한국에서 중년 아저씨가 청소년이나 20, 30대 사람들에게 '젊은이!'라고 부르는 것과 비슷한 뉘앙스라고 이해하면 될 것 같습니다. 앞으로 미국에서 kid라는 소리를 들어도 너무 당황하지 않기로 해요!

● <u>Kids</u> **these days have no respect for their elders.**

요즘 젊은 것들은 어른을 공경할 줄 몰라.

● **Did you just see that** <u>kid</u> **walk in here?**

너 방금 들어온 젊은이 봤냐?

● **The place was full of college** <u>kids</u>**.**

거긴 대학생들로 꽉 차 있더라고.

★ 여기서는 대학생을 의미해요.

● **I just bought my** <u>kid</u> **his first car.**

나 우리 애한테 첫 차 뽑아 줬어.

★ 자식에 대해서도 말할 수 있어요.

● **An 18 year old** <u>kid</u> **was arrested for racing on the freeway.**

열여덟 살 청소년이 고속도로에서 질주하다가 체포됐어.

★ 여기서는 청소년을 의미해요.

▶ YouTube TALK

구독자 코멘트

현재 어린이인 경우에도 kid라고 하는 거죠? toddler 라는 단어도 있던데 그건 어떻게 다른가요?

 kid는 젊은 사람한테 쓸 수도 있고 어린이에게 쓸 수도 있어요. 그냥 아저씨, 아줌마 아닌 사람이라고 생각하시면 됩니다. 초등학교 저학년의 귀여운 아이들은 little kid라고 하는 게 더 어울릴 것 같네요! 다 큰 어른이 어린이처럼 유치하게 행동하면 Stop acting like a little kid라고 하거든요. toddler는 만 1~3세 사이 아이에게 쓸 수 있어요. toddler 라는 단어는 toddle이라는 동사에서 나왔는데, 그 뜻은 바로 '힘들게 걷다'입니다. 아마 유아들이 아장아장 어렵게 걸어 다니니까 이런 표현이 생겼나 봐요.

• 정리: toddler(1~3세) → little kid(4~11세) → kid(4세~젊은이).

009 놀라움을 표현할 땐 How about that!

A Hey, Minsu! What's up?

어이, 민수! 별일 없어?

K Oh, hey! Guess what! I'm officially dating Susan now!

어, 안녕! 그거 알아? 나 이제 수잔이랑 사귄다!

A Oh! How about that!

▶ 이해: 오! 그거 어때?

K 뭐? 당연히 행복하지, 그걸 말이라고 해?

How about that!을 어떤 표현으로 알고 계신가요? 많은 분들이 상대방의 의견을 듣고 싶을 때 '그거 어때요?' 하고 묻는 용도로 쓰는 것 같아요. 그래서 그런지 이 표현을 들으면 꼭 대답하는 분들이 있더라고요. 하지만 이 표현은 문맥에 따라 의미가 크게 달라져요. '대박! 떨어! 우와! 짱이다! 참 재미있네!'처럼 놀라움을 표현할 때도 쓸 수 있거든요. 미국인이 눈을 동그랗게 뜨고 놀란 표정으로 이렇게 말할 때는 의견을 물어보는 게 아니니까 대답할 필요도 없습니다. 여러분도 뭔가 굉장한 것을 알게 되거나 봤을 때 이 표현을 써보세요!

A **I won a prize!**

나 상 탔어!

B **Well,** how about that!

그거 대단하네!

A **Beth and Frank are getting married.**

베스랑 프랭크가 결혼한대.

B **Well,** how about that!

와, 대박!

A **The Johnsons bought a new house.**

존슨이 새 집을 샀대.

B **Wow!** How about that!

이야! 대박이다!

A **I adopted a kitten.**

나 고양이 키우게 됐어.

B How about that!

대박!

▶ YouTube TALK

구독자 코멘트
그럼 정말 의견을 듣고 싶을 땐 뭐라고 해요? How about you?

👍 👎

 몰리버쌤 네! How about you? 또는 What about you?라고 하면 '너는 어때?'라는 뜻입니다. 그런데 이렇게 물어보려면 본인 혹은 다른 사람의 의견을 먼저 말해야겠죠? 예를 들어서 He thinks the food is great. What about you?(그는 음식이 맛있다고 하던데 넌 어떻게 생각해?) 하는 식으로요. 감을 잡을 수 있게 예문을 더 보여드릴게요.

- I don't like this music. <u>What about you</u>?
  나는 이 음악 싫어. 너는 어때?

- I think it's a good idea. <u>What about you</u>?
  좋은 생각 같아. 너는 어떻게 생각해?

- I don't like that politician. <u>What about you</u>?
  나는 그 정치인 별로 안 좋아해. 너는 어떻게 생각해?

- <u>What do you think</u> about that politician?
  그 정치인에 대해서 어떻게 생각해?
                                          ★ What do you think~도 가능해요.
- <u>What do you think</u> about her new album?
  그 가수의 새 앨범에 대해서 어떻게 생각해?

010 '~하면 ~한다' if 없이 쉽게 말하는 법

A How's your day going?
오늘 좀 어때?

K Fine. Just a little bit tired.
괜찮아. 조금 피곤하긴 하지만.

A Would you like some coffee then?
그럼 커피 좀 마실래?

K 나 커피 마시면 잠 잘 안 오는데…. 마시면… 이니까
조건절로 if 써서 말해야 하나…. 어렵다. 😵

일상생활에서 '커피 마시면 잠이 안 와요', '요가하면 살 빠져요', '크림 바르면 피부 좋아져요' 같은 표현들을 자주 사용해요. 그런데 영어를 아주 잘하는 분들도 이런 간단한 표현을 말할 때 가끔 애를 먹어요. 아마 '~하면 ~한다'니까 if를 사용해야 할 것만 같나 봐요. 그래서 고민 끝에 If I have coffee, I won't be able to sleep tonight이라고 말할 때가 많죠. 틀린 문장은 아니지만 사물이나 행동에 대해 설명하거나 묘사할 때 그 사물이나 행동 자체가 핵심이라면 꼭 if를 사용하지 않아도 돼요. 처음부터 사물이나 행동을 주어로 만들어서 말해보세요. 훨씬 직관적이라 이해하기도 쉽고 문장도 짧아진답니다!

● **Coffee keeps me awake at night.**

커피 마시면 밤에 잠 안 와요.

★ **직역:** 커피는 날 밤늦게까지 깨 있게 해.

● **Butter makes me fat.**

버터 먹으면 살쪄요.

★ **직역:** 버터는 날 살찌게 해.

● **This sweater makes me sweat.**

이 스웨터 입으면 땀 나요.

★ **직역:** 이 스웨터는 날 땀 나게 해.

● **Yoga makes me relax.**

요가하면 편안해져요.

★ **직역:** 요가는 날 편안하게 하지.

● **This lotion makes my skin soft.**

이 로션 바르면 피부가 부드러워져요.

★ **직역:** 이 로션은 내 피부를 부드럽게 해.

★ 영어식 표현과 한국식 표현의 차이를 느껴보세요.
영어로는 직관적으로 표현하는 것이 더 자연스럽다는 것을 느낄 수 있어요.

▶ YouTube TALK

구독자 코멘트

내가 아니라 친구가 오후 늦게 커피 마시고 싶다고 할 때, '그럼 밤에 잠 못 잘걸' 하고 말할 수 있잖아요. 이 말도 if 없이 할 수 있나요?

👍 👎

 올리버쌤 네, 가능합니다. me 자리에 you를 넣으면 되죠! 그런데 주의할 점이 있어요. 예를 들어서 상대방에게 '버터 먹으면 살찔 거야'라고 말할 때 Butter makes you fat이라고 하면, 마치 '너 버터 먹으면 무조건 살찔 거야'라는 소리로 들리거든요. 상대방이 운동을 하고 있거나 살이 잘 안 찌는 체질이라면 버터를 먹어도 살이 안 찔 수 있잖아요. 그래서 확실하지 않은 경우에는 might 혹은 probably 같은 단어를 함께 사용하는 게 좋답니다. 이렇게요.

- Butter <u>might make</u> you fat.
  버터 먹으면 너 살찔 수도 있어.

- This coffee <u>might keep</u> you up tonight.
  이 커피 마시면 너 오늘 밤에 잠이 안 올 수도 있어.

- Eating late at night <u>might give</u> you a stomachache.
  밤늦게 먹으면 배탈 날 수도 있어.

- Yoga would <u>probably be</u> good for you.
  요가하면 아마 너한테 좋을 거야.

- Swimming would <u>probably help</u> you get in shape.
  수영하면 몸매가 좋아질 것 같아.

001 아까 화장실에서 어떤 변태 같은 남자를 봤어.

002 오늘 시험 3개나 있어? 정말 괴롭겠네.

003 그거 한참 뒤에 문제 될 텐데.

004 사람들은 추수감사절에 보통 칠면조를 먹어요.

005 그렇게 잘해주지 않아도 돼.

006 표지판에 수영 금지라고 쓰여 있어요.

007 오늘 밤에 우리 둘만 있고 싶은데.

008 너 방금 들어온 젊은이 봤냐?

009 이야! 대박이다!

010 커피 마시면 밤에 잠 안 와요.

I saw 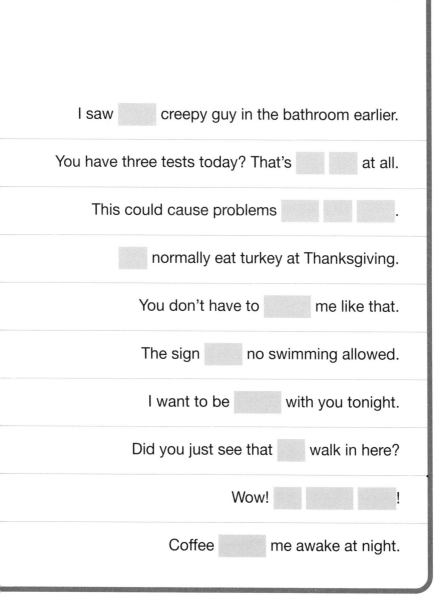 creepy guy in the bathroom earlier.

You have three tests today? That's   at all.

This could cause problems   .

           normally eat turkey at Thanksgiving.

You don't have to   me like that.

The sign   no swimming allowed.

I want to be   with you tonight.

Did you just see that   walk in here?

Wow!   !

Coffee   me awake at night.

Q

미드로 영어 공부해도 되나요?

A

미국 드라마를 보면서 영어를 배우면 정말 많은 도움이 되고 재밌어요! 너무 재미있어서 영어 공부는 뒷전으로 하고 밤새 한 시즌을 정주행하는 일도 생기죠. 생생한 표현도 배우고, 책에 안 나오는 문화나 분위기도 터득할 수 있으니 좋은 학습 재료라고 생각해요. 솔직히 저도 한국어를 배우는 학습자로서 여러분이 아주 부럽습니다. 제가 한국어를 배우기 시작했을 때는 좋은 영상 스트리밍 서비스가 잘 없었거든요.

아무 미드나 봐도 괜찮을까?

그런데 미드를 많이 본다고 무조건 좋은 것은 아니에요. 무작정 재미있어 보이는 것을 골라서 닥치는 대로 공부하는 것도 좋은 방법이 아닐 수 있죠. 왜냐하면 어떤 미드는 과거를 배경으로 해서 아주 옛날 표현과 어휘를 사용할 수 있거든요. 그래서 가끔 미드를 봐도 전혀 이해가 안 되는 경험을 할 수도 있습니다. 사실 어떤 미드는 영어 원어민도 못 알아듣는 수준의 옛날 언어를 써요. 저도 며칠 전에 뉴잉글랜드를 배경으로 한 공포영화 〈더 위치The Witch〉를 봤는데 here(여기) 대신 heiter, you(너) 대신 thy라고 말하는 것을 보고 순간 당황했답니다. 따라서 학습자로서 미드를 고를 때는 시대 배경과 장르에 신경을 써야 해요. 1800년대 미드의 대사를 열심히 공부한 뒤에 그 표현들을 실제 미국인에게 사용하면 상대방이 머리만 긁적일 수도 있으니까요. 여러분도 어떤 미국인이 조선시대를 배경으로 한 사극으로 한국어를 공부한 뒤 여러분에게 '이 보시게, 왔는가? 어서 들게. 차 한잔 들지 않겠는가?'라고 하면 무척 당황스럽겠죠?

그렇다면 어떤 미드가 좋을까?

말씀드렸다시피 아주 옛날을 배경으로 하는 미드로 영어를 배우면, 실제 원어민들과 대화할 때 혼란스러운 상황이 생길 수 있어요. 따라서 그런 미드는 피하는 게 좋을 것 같아요. 최대한 현대를 배경으로 한 드라마를 보세요. 그리고 본인의 영어 수준이 높지 않다면 코미디, 로맨스, 액션 같은 장르가 가장 좋을 것 같아요. 이런 장르는 주로 일상적인 대화로 이야기가 전개되고, 현대를 배경으로 하기 때문에 요즘 사람들이 쓰는 말투나 속어가 녹아 있거든요. 이런 장르를 문제없이 이해할 수 있게 된 후에 이보다 어려운 장르로 넘어가는 것을 추천합니다. 예를 들면 '법'이나 '의학'과 관련된 드라마들요. 이런 장르들은 전문용어와 어려운 어휘가 많아서 영어 원어민들도 가끔 이해하기 어려워요. 저도 한국어를 배우기 위해 한국 영화를 많이 봤는데요, 그중 법이나 정치와 관련된 장르는 항상 이해하기 어려웠어요. 그래서 처음에는 스트레스를 많이 받았죠. 그런데 제 한국인 친구가 한국인에게도 어려운 주제라고 해줘서 마음이 놓였어요. 그래도 가끔 새로운 자극을 받기 위해서 정치를 주제로 한 한국 영화에 도전한답니다.

미드 보면 대화거리도 많아진다!

미드를 많이 보면 자연스러운 어휘를 익힐 수 있고 미국 문화에 풍부하게 노출될 수 있으니까 영어 실력이 늘 수밖에 없을 거예요. 그리고 여기서 끝이 아니에요. 사실 요새 미드가 하도 인기가 많다 보니 안 보는 사람이 잘 없거든요. 그래서 주위에 있는 영어 원어민 친구에게 미드를 주제로 자연스럽게 대화를 시도해볼 수 있답니다. 공통적으로 할 얘기가 많다 보니 더 수다스러워지고, 그런 만큼 영어 실력도 덩달아 늘겠죠? 가장 좋아하는 장면이나 답답한 장면에 대해서 대화해보세요. 가끔 스포일러가 될 수 있겠 네요. 다만 스포를 하고 나면 새로운 친구를 찾아야 할 수도 있을 것 같지만요. 😁

Lesson 2

현지에선 안 통하는
한국식 영어 ❶

Oliver's
English

011
'무슨 문제 있어?'라는 의미로 쓰는 What's your problem?

K Hey, Mike! Do you want to watch a movie with me?

마이크! 나랑 영화 볼래?

A Nah.

아니.

K 잉? 혹시 무슨 고민 있나? 나한테 말해봐! What's your problem?

▶ **의도:** 무슨 문제 있어?

A Can't you see I'm upset?

나 기분 안 좋은 거 안 보이냐?!

K 아니, 위로해주는 건데 왜 화내…. ☹

 ★ 친구에게 고민이나 문제가 있어 보이면 도와주고 싶죠? 친한 친구라면 더더욱요! 그런데 위로해주려고 '무슨 문제 있어?'라는 의도로 What's your problem?이라고 질문하면 큰 오해를 살 수 있습니다. '야, 인마. 넌 뭐가 문젠데?' 하고 따지는 느낌을 주거든요. 실제로 이 표현은 미국에서 상대방을 한심하게 여기거나 시비를 걸 때 자주 사용한답니다. 저도 한국에서 생활하던 어느 날 갑자기 향수병이 찾아와 고생하고 있는데, 어떤 친구가 What's your problem?이라고 물어서 순간 당황했던 기억이 나네요. 물론 저는 그 친구가 어떤 의도로 말한 건지 금방 알아채서 싸움은 나지 않았지만요. 앞으로 오해 없이 친구의 상태를 물어보고 싶다면 제가 준비한 표현을 참고해보세요. 작은 차이지만 의미가 크게 달라진답니다!

● **What's the matter?**

무슨 일 있어?

● **What's wrong?**

고민 있어?

● **Is something wrong?**

뭐가 잘 안돼?

● **Is everything okay?**

다 괜찮은 거지?

● **Are you okay?**

너 괜찮아?

▶ YouTube TALK

구독자 코멘트

Do you have a problem? 이 표현도 안 될까요?

👍 👎

올리버쌤 아마 착한 마음으로 '무슨 고민 있어?' 하고 물어보려고 Do you have a problem?이라고 질문하신 거겠죠? 하지만 이렇게 말하면 상대방의 표정이 일그러질 가능성이 커요. 보통 Do you have a problem?은 시비 걸 때 자주 쓰거든요. 말하는 방법에 따라서 '네가 뭔데?', '나랑 싸울래?'처럼 들릴 수 있어요. 친구의 기분이 안 좋아 보일 때는 가장 먼저 그 친구의 상태를 언급하는 게 좋아요. 그리고 그다음에 제가 알려드린 표현을 추가하는 겁니다. 이렇게 하면 상대방의 감정을 살펴주는 것 같아서 아주 자연스럽고 사려 깊게 들린답니다.

- (울고 있는 친구에게) You're crying. Are you okay?
  울고 있구나. 괜찮아?

- (슬퍼 보이는 친구에게) You look sad. Is everything okay?
  슬퍼 보이네. 다 괜찮은 거지?

- (기운 없는 친구에게) You look really down. Is something wrong?
  기운 없어 보여. 뭐가 잘 안돼?

- (운 것 같은 친구에게) You look like you've been crying. What's wrong?
  너 운 것 같은데. 고민 있어?

54

012 '~에 살고 있다'라는 의미로 쓰는 I'm living in ~

A So where do you live?

그래서 넌 어디 살아?

K 아, 난 부산에 살고 있어! I'm living in Busan.

A Oh yeah? Me too. How long do you plan on living here?

오, 그래? 나도. 넌 언제까지 부산에서 살 거야?

K 잉? 난 이사할 생각 없는데? Umm… Always!

여러분은 어디에 사세요? 저는 한국에 있을 때 내내 서울에서 살았어요. 하지만 가끔 친구들을 보러 부산이나 포항이나 목포로 놀러 가곤 했어요. 여름에는 양양으로 자주 놀러 갔죠. 그런데 내가 사는 지역을 말할 때 I'm living in Seoul이라고 해도 될까요? 문법적으로는 큰 문제가 없어 보이죠? 한국말로는 '~에 살고 있어요'라고 현재진행형으로 말해도 큰 문제가 없지만 영어로는 의미가 살짝 달라집니다. 거기에 영구적으로 살고 있다는 느낌보다는 '잠깐 거기서 지낸다', '임시 거처다', '본 거주지는 다른 곳이다'와 같은 느낌을 주거든요. 여러분이 뉘앙스를 비교할 수 있게 여러 가지 문장을 소개해드릴게요.

영구 거주를 말할 때는 현재형으로

● **I live in Seoul.**

저는 서울에 살아요.

임시 거주를 말할 때는 진행형으로

● **I'm living in Seoul.**

저는 서울에 살고 있어요.

★ 지금은 서울에 살고 있지만 과거나 미래는 다를 수 있다는 느낌을 줘요.

● **I'm currently living in Seoul.**

저 지금은 서울에 살고 있어요.

● **I'm living in Seoul right now.**

저 지금은 서울에 살고 있어요.

★ currently, right now를 붙여서 임시 거주를 강조할 수도 있어요.

● **I'm living in Seoul for the time being.**

잠시 서울에 살고 있어요.

YouTube TALK

 구독자 코멘트
I have lived in Seoul for my whole life. 이렇게 써도 맞나요?

올리버쌤 아마 '난 평생 서울에서 살아왔다'라고 말하고 싶은 거겠죠? 아주 잘 쓰셨습니다! 현재완료형을 쓰면 과거부터 지금까지를 통틀어 의미하기 때문에 평생 동안 살아왔다는 의미에 딱 맞아요. 그리고 이외에도 더 다양한 방법으로 표현해볼 수 있답니다. 추가 문장을 확인해보세요!

- I've lived in Seoul for my whole life.
  저는 평생 서울에서 살아왔어요.

- My best friend has lived in Canada for his whole life.
  내 절친은 평생 캐나다에서 살아왔어.

- I've lived here my whole life.
  나 평생 여기서 살았어.

                                    ★ for를 생략해도 됩니다.

- Have you lived in Korea for your entire life?
  너 평생 한국에서 살았어?

                                    ★ entire life를 써도 됩니다.

- I've lived in Busan my entire life.
  나 평생 부산에서만 살았어.

013 '저기'라는 의미로 쓰는 O~~~~~ver there

A Hey! Have you seen my bag?
야, 내 가방 봤어?

K 아, 그 파란 가방? 봤어! Yes!

A Where is it?
어딨는데?

K 저~~~~~~~기 있던데. O~~~~~~ver there!!!

A Dude… You okay?
야… 너 괜찮냐?

한국에 온 지 얼마 안 됐을 때 친구랑 강남역 맥도날드 앞에서 만나기로 약속했던 게 기억나요. 몇 번 강남역을 가본 터라 길 찾기가 쉬울 줄 알았는데 이상하게 그날은 길을 자꾸 헤매게 되더라고요. 20분 동안 쩔쩔매다가 지쳐서 결국 어떤 아저씨에게 길을 물었어요. 그랬더니 아저씨가 '쩌어어어~~~~~기' 하며 손가락으로 맥도날드를 가리키셨어요. 친절한 아저씨의 안내 덕분에 친구를 만날 수 있었죠! 그런데 시간이 꽤 오래 지났는데도 그때 아저씨를 잊지 못하겠더라고요. '쩌어어어~~기'라고 말을 길게 늘어뜨리면서 눈을 찌푸리던 모습이 아주 인상적이었나 봐요. 그런데 이 표현을 미국에서도 O~~~~~~ver there라고 사용할 수 있을까요? 애석하게도 미국인들은 거리를 나타낼 때 한국인만큼 흥미로운 보디랭귀지를 사용하지 않는답니다. 대신 보통 way를 붙여서 말해요.

● **It's way over there.**

저~~기 있어.

● **Can you see it? It's way up there.**

보여? 저~~기 위에 있어.

● **It's way down there.**

저~~기 밑에 있어!

● **Do you see that star way up there?**

저~~기 위에 별 보여?

● **The water comes from way beneath the ground.**

그 물은 저~~기 땅 밑에서 나와.

★ 아주아주 멀다는 것을 강조하고 싶으면 말을 늘려서
wa~~~~~~~~y라고 할 수 있어요.

▶ YouTube TALK

구독자 코멘트

I'm way taller than you 이런 건 어떻게 해석해요?
난 너보다 키 커서 멀다?

👍 👎

 비교급에서 way을 붙이면 비교하는 것을 아주 강조하는 기능이 생겨요. 한국어의 '훨씬'처럼요. 그래서 I'm taller than you라고 하면 그냥 '나는 너보다 키가 커'지만, way를 붙여서 I'm way taller than you라고 하면 '나는 너보다 키가 훨씬 커'가 되지요. 이런 경우에도 말을 늘려서 wa~~~~~y라고 할 수 있어요. 예문 몇 개 보여드릴게요.

- She's way better at tennis than me.
  걔 나보다 테니스 훨씬 잘 쳐.

- Carl is way funnier than Jimmy.
  칼은 지미보다 훨씬 웃겨.

- My car is way slower than yours.
  내 차는 네 차보다 훨씬 느려.

014 '나도'라는 의미로 쓰는 Me too

A ## Hi. I'm Oliver.
안녕하세요. 전 올리버입니다.

K ## Hi. I'm Sumin.
안녕하세요. 전 수민이에요.

A ## Nice to meet you, Sumin.
반가워요!

K ## 저도요! 저도요! Me too!
▶ **의도:** 저도 반가워요

A ## Hahaha… Cool.
하하하… 좋아요.

 처음 만나서 인사할 때 항상 Nice to meet you라는 표현을 쓰게 되는 것 같아요. 그런데 상대방에게 이 말을 들었을 때 많은 분들이 반사적으로 Me too!라고 대답하시더라고요. 아마 '저도 반가워요'라고 말하려는 의도인 것 같아요. 하지만 기본적으로는 Nice to meet you too라고 대답하는 것이 가장 좋아요. 그리고 줄여서 말하고 싶다면 You too라고 해야 해요. Me too라고 하면 '나도 날 만나서 반가워요', '나도 날 만나서 기뻐요'처럼 들리거든요. 왜 그동안 Me too라고 대답할 때마다 영어 원어민이 당황한 표정을 지었는지 알겠죠? 앞으로 자연스럽게 인사를 나누고 싶다면 이렇게 말해보세요!

EXPRESSIONS 이렇게 말해보세요

A **It's nice to meet you.**

반갑습니다.

B **It's nice to meet you too. 혹은 You too.**

저도 반갑습니다.

★ 문장 앞의 It's nice to meet을 생략할 수 있어요.

A **It's a pleasure to meet you.**

만나서 기쁩니다.

B **It's a pleasure to meet you too. 혹은 You too.**

저도 기뻐요.

★ 문장 앞의 It's a pleasure to meet을 생략할 수 있어요.

A **It was great meeting you.**

만나서 좋았습니다.

B **It was great meeting you too. 혹은 You too.**

저도 좋았습니다.

★ 문장 앞의 It was great meeting을 생략할 수 있어요.

A **It was really nice to see you again.**

다시 만나서 좋았습니다.

B **Likewise.**

저도요.

★ Likewise는 마찬가지 감정을 느낀다는 의미예요.

YouTube TALK

구독자 코멘트

저도 비슷한 경험이 있었어요. 친구를 조금 도와줬는데, 그 친구가 I love you라고 하길래 Me too라고 대답했거든요? 순간 친구가 이상하다는 듯한 표정을 짓더니 Oh. You love you? 하더라고요. 그때 알았어요, Me too가 항상 '나도'라는 뜻으로 쓰이는 건 아니란 걸요.

👍 👎

 올리버쌤 아이고, 당황하셨겠네요. 물론 자기 자신을 사랑하면 좋지요! 그런데 친구가 사랑을 표현할 때는 You too라고 대답해야 돼요. 그리고 이보다 더 좋은 표현은 그냥 You too보다는 I love you too 하고 길게 말하는 거예요. 그래야 애정이 더 듬뿍 느껴지거든요. 우정이나 사랑은 항상 모자람 없이 표현해야 하니까요! 그런데 상대방이 Have a nice day라고 할 때는 굳이 Have a nice day too라고 하지 않아도 됩니다. 애정을 표현하는 말이 아닐뿐더러 그냥 인사로 하는 말인데 길게 대답하기 귀찮아요. 그래서 이때는 You too!라고 짧게 말하는 것을 더 추천합니다!

015

'또 봐!'라는 의미로 쓰는 See you

A It was fun hanging out with you today Jinsu. I'll call you tomorrow!

오늘 재밌었어, 진수야. 내일 전화할게!

K 오케이, 잘 가. See you!

▶ 의도: 또 봐!

A See you… later? See you tomorrow? What?

나중에 보자고? 아니면 내일 보자고? 언제?

K 아니, 언제 다시 볼지는 잘 모르겠는데. 잘 가라고! See you!!

▶ 의도: 담에 보자!

★ 헤어질 때 영어로 어떻게 말하시나요? 혹시 See you!라는 표현 즐겨 쓰시나요? 많은 분들이 이 짧은 인사를 발음 할 때 (씨유)라고 하시더라고요. CU 편의점의 영향이 큰 걸까요? 그런데 그렇게 발음하면 원어민 귀에 살짝 어색하게 들릴 수 있어요. 이 인사는 See you later, See you soon, See you tomorrow 같은 문장의 뒷부분을 생략하고 짧게 줄인 말이거든요. 아주 비격식적인 편한 표현이라고 생각하시면 돼요. 그래서 See ya라고 쓰고 발음하는 것이 자연스럽습니다. 그냥 See you라고 말하면 뒤에 따라오는 문장을 말하려다가 멈춘 듯한 느낌이 들어요. 마치 '잘 가' 대신 '잘 ㄱ…'라고 하는 것처럼요. 앞으로 원어민이랑 인사할 때는 See ya(씨야)라고 해보세요!

● **Alright, see ya!**

그래! 잘 가!

● **See ya!**

잘 가!

● **Okay. See ya!**

응. 잘 가!

● **Alright then. See ya!**

그래 그럼. 잘 가!

● **I gotta go now. See ya!**

난 가볼게. 잘 가!

▶ YouTube TALK

> **구독자 코멘트**
>
> 미드에서 See ya wouldn't wanna be ya라는 표현을 봤는데 이것도 캐주얼하게 친구끼리 쓰는 말인가요?
>
> 👍 👎

↳ **올리버쌤** 미국인들은 갑자기 상황이 안 좋아졌거나 문제가 생긴 친구에게 See ya wouldn't want to be ya라고 말해요. 이것을 친구의 따뜻한 인사로 오해하시면 안 됩니다. 이 문장을 풀어서 쓰면 See you, I wouldn't want to be you 즉, '난 너와 같은 상황에 빠지지 않으면 좋겠다'라는 말이 돼요. 그러니까 '저런 안됐군. 그럼 난 이제 떠난다! 앞으로 거리 두고 지내자'라는 느낌이 들어 있어요. 정말 냉정한 표현이죠?! 그런데 장난스럽게 쓰는 경우도 있어요. 예를 들어 친구가 성적이 떨어져서 수업 후에 선생님이랑 상담해야 한다는 소식을 들었을 때요. 물론 그 말을 들은 친구는 발끈하겠지만요. 😄

016 '여기가 어디죠?'라는 의미로 쓰는 Where is here?

K 와! 끝내준다! Where is here?

   ▶ **의도:** 여기가 어디야?

I like here!!

   ▶ **의도:** 여기 좋아!

A Haha··· Take a look at this map! I want to take you to this place.

하하··· 이 지도 좀 봐. 너 이곳으로 데려가 줄게.

K 오! Where is there?

   ▶ **의도:** 거기는 어디야?

★ 여행을 가서 아주 멋진 경치를 보거나 건물을 보면 '여기가 어디야?', '여기 맘에 들어!'라는 말이 입에서 자동으로 나와요. 이런 표현을 한국어로 할 때는 전혀 어색함이 없죠? 문법적으로도 틀리지 않아요. 왜냐면 한국어로 '여기'는 지시대명사니까요. 그래서 주어로도 목적어로도 쓸 수 있어요. 그럼 영어로는 어떨까요? 그대로 번역해서 Where is here?, I like here라고 할 수 있을까요? 한국어와 다르게 영어로 here는 부사예요. 그래서 here를 주어와 목적어로 사용하면 문법적으로 아주 어색하게 들린답니다. 좀 더 자연스럽게 말하고 싶다면 다음 문장처럼 고쳐서 말해보세요.

★ 부사는 형용사나 동사, 부사를 더 자세하게 설명하고 꾸며주는 역할을 하는 말로 so, very 등이 있어요.

● **Where is here?**
(X)

➡ **Where am I?**
여기가 어디예요?

● **Where is there?**
(X)

➡ **Where is that?**
거기가 어디야?

● **Here is Busan.**
(X)

➡ **This is Busan.**
여기는 부산이에요.

● **I like here.**
(X)

➡ **I like it here.**
여기 맘에 들어요.

● **I like there.**
(X)

➡ **I like it there.**
저 거기 좋아요.

★ there도 here와 마찬가지로 부사랍니다.

구독자 코멘트

친구가 여행 사진을 보여준다면, 사진을 보고 '와, 여기가 어디야? 너무 멋지다!'라고 말할 수 있을 것 같아요. 사진 속 장소를 물어볼 때 쓸 수 있는 표현도 알려주세요.

👍 👎

 친구랑 같이 사진을 보면서 대화를 나누면 금방 친해질 수 있겠죠? 특히 아름다운 풍경 사진이라면 그 장소가 어딘지 꼭 물어봐두세요. 나중에 그곳으로 여행을 가서 멋진 추억을 만들 수 있도록 말이에요. 일단 물어보기 전에 그 장소가 마음에 든다고 말해보세요. 그런 식으로 대화를 꺼내면 상대방도 신나서 더 설명해주고 싶어질 테니까요.

- Where did you take this photo?
  이 사진 어디서 찍었어?

- Where was this photo taken?
  이 사진 어디서 찍은 거야?

- OMG! Where were you in this photo?
  세상에! 이 사진 찍을 때 너 어디에 있었어?

- Where did your mom take this photo? It looks gorgeous!
  너희 어머니 이 사진 어디서 찍으신 거야? 멋지다!

- I have to know where you took that photo. It looks amazing!
  너 저 사진 어디서 찍었는지 내가 좀 알아야겠다. 너무 멋져!

017 '같이 가자!'라는 의미로 쓰는 Let's go with me

K **Hey! Did you see that new pizza shop around the corner?**
야! 여기 앞에 피자집 생긴 거 봤어?

A **Yeah! I heard it's really good.**
응! 괜찮다고 들었는데.

K **I'm going to try it out tonight. Are you busy?**
나 거기 오늘 밤에 가보려고. 너 바빠?

A **No, I'm free.**
아니, 안 바빠.

K **진짜? 그러면 나랑 같이 가자! Let's go with me!**

A **Let's go··· with you?? haha··· okay.**
우리 같이 가자··· 너랑?? 하하··· 그래.

K **잉? 나랑 안 가고 싶은 거야?**

★ 같이 가자고 제안할 때 Let's go(가자)라고 하죠? 그럼 나랑 같이 가자고 할 때는 뭐라고 할까요? Let's go with me라고 하면 될까요? 꽤 그럴듯하게 들리지만 문법적으로 어색한 표현입니다. Let's go의 의미를 '가자'로만 알고 계신 분들이 많은데요, 사실 Let's go는 Let us go의 줄임말입니다. 그래서 '우리 가자'로 이해하는 것이 정확하고, 추가로 with me를 붙이지 않아도 된답니다. '우리' 안에는 이미 '나'도 들어 있으니까요. 앞으로 친구에게 같이 가자고 말할 땐 다음의 표현을 사용해보세요!

● **Let's go together!**

우리 같이 가자!

● **You should come with me to the concert.**

나랑 콘서트에 같이 가자.

● **Do you want to come with me?**

나랑 같이 가고 싶어?

● **Do you want to come along?**

같이 갈래?

● **I didn't know you wanted to come along.**

네가 같이 가고 싶어 하는지 몰랐어.

● **Feel free to come along.**

너도 같이 가도 돼.

★ feel free: '부담 느끼지 마', '편하게 생각 해' 같은 뉘앙스예요.

▶ YouTube TALK

구독자 코멘트

외국에 있는 친구가 '나 한국 갈 거야'라고 말할 때 I'm coming to Korea라고 하더라고요. go는 '가다', come은 '오다'인데, 왜 여기에 come을 쓰나요?
👍 👎

올리버쌤 아이고! 정말 헷갈리죠? 이해합니다. 저도 영어를 모국어로 쓰는 사람으로서, 한국어 '오다', '가다'를 이해하는 데 어려움을 많이 겪었거든요. 이 자리에서 여러분이 쉽게 이해할 수 있도록 예를 들어서 설명해볼게요. 만약 저는 미국에 있고, 지민이는 한국에 있어요. 이럴 때 저는 한국에 간다고 말할 때 I'm coming to Korea!라고 할 수 있어요. 듣는 사람이 내가 향하는 목적지에 있는 경우에 come 동사를 쓸 수 있거든요. 상황을 조금 바꿔서 만약에 지민이가 프랑스에 살고 있다고 해볼까요? 이 경우에는 I'm coming to Korea!라고 할 수 없어요. 듣는 사람이 내가 향하는 목적지에 없기 때문이죠. 그래서 이 경우에는 I'm going to Korea!라고 합니다. 추가 예문으로 감을 잡아보세요!

- I'm coming to Korea next month!
  나 다음 달에 한국 간다!

  ★ 내가 향하는 곳이 친구가 있는 곳과 같다.

- Oliver is coming to visit me today.
  오늘 올리버가 날 보러 여기 올 거야.

  ★ 올리버가 향하는 곳이 내가 있는 곳과 같다.

- BTS is going to Malaysia next month.
  방탄소년단이 다음 달에 말레이시아로 간대.

  ★ BTS가 향하는 곳이 친구가 있는 곳과 다르다.

018 '이해해줘'라는 의미로 쓰는 understand me

A Hey! I've been calling you all day.

야! 내가 하루 종일 너한테 전화했잖아.

K 아, 진짜? Sorry!

미안.

A And I sent you a lot of messages. Why didn't you answer me?

그리고 메시지도 많이 보냈단 말이야. 왜 답하지 않은 거야?

K 미안. 배터리가 나가서 몰랐어. Understand me.

▶ **의도:** 이해해줘.

상대방이 내 상태나 상황에 공감해주길 바랄 때 '나 좀 이해해줘'라고 하잖아요. 이때 understand라는 단어를 쓰면 어떻게 될까요? 많은 분들이 이 단어를 즐겨 쓰는데, 사실 Understand me라고 하면 원어민이 '나를 이해해줘'가 아니라 '내 말을 이해해줘'라고 알아들을 가능성이 높아요. 예를 들어 I don't speak good English. Please understand me라고 하면 '아, 이 사람이 영어 틀리게 말해도 알아서 잘 이해해야겠구나, 해석을 잘해야겠구나'라고 생각해서 여러분의 말에 집중하려고 노력할 거예요. 여러분이 하는 말이 아니라 마음에 공감해주길 원한다면 이렇게 말해보세요.

- **My English isn't very good so please understand me.**
  (X)

➡ **My English isn't very good so please <u>understand</u>.**

제 영어 실력이 안 좋으니 좀 이해해주세요.

★ me 빼고 그냥 understand만 사용해보세요.

➡ **My English isn't very good so please <u>bear with me</u>.**

제 영어 실력이 안 좋으니 양해 부탁드릴게요.

★ 양해해달라는 뉘앙스가 살아요.

- **I didn't get any sleep last night so please <u>understand</u>.**

잠을 잘 못 잤으니 좀 이해해주세요.

- **I didn't get any sleep last night so please <u>bear with me</u>.**

잠을 잘 못 잤으니 양해부탁해요.

- **Our computers are down today so please <u>understand</u>.**

오늘 저희 컴퓨터가 고장 났으니 좀 이해해주세요.

- **Our computers are down today so please <u>bear with us</u>.**

오늘 저희 컴퓨터가 망가졌으니 양해 부탁드릴게요.

YouTube TALK

구독자 코멘트

Could you understand my situation?이라고 말하는 건 어떤가요?

👍 👎

 올리버쌤 아마 '제 상황을 이해해주세요'라는 의도로 그렇게 말씀하시려는 거겠죠? 하지만 I'm not good at English. Could you understand my situation?(제가 영어를 잘 못해요. 제 상황을 이해해주세요)와 같이 말하면 어색해요. 그 이유는 여러 가지인데요, 먼저 문장이 쓸데없이 긴 느낌이 듭니다. 또 이해를 구하는 느낌보다는 '내가 지금 어떤 상황인지 이해해?', '너도 나처럼 외국어 배울 때 고생한 적 있어?'와 같이 진지한 느낌이 강하게 들어요. 뭔가 깊은 대화를 나눠야 할 것 같은 분위기랄까요? 간단하고 빠르게 '이해해주세요'를 표현하고 싶을 때는 bear with me 혹은 please understand 같은 표현을 사용해보세요. 상대방이 100% 이해해줄 거예요.

019 '금방 돌아올게'라는 의미로 쓰는 I'll be back

A Sir, the store will be closing soon.
손님, 가게 문을 곧 닫을 거라서요.

K 저 이것만 사고 나갈게요! 어? 지갑을 차에 두고 왔네…
어떡하지?

A Well… Are you going to buy it?
저… 그거 사실 거예요?

K 네! 잠깐 차에 갔다 올게요! I'll be back!!
▶ **의도:** 금방 갔다 올게요.

(1분 뒤)

K 어? 문 잠겼잖아! 뭐야? 금방 올 거라고 했는데!

 ★ '금방 갔다 올게!', '금방 돌아올게!'를 영어로 뭐라고 할까요? 터미네이터의 명대사처럼 I'll be back이라고 해도 될까요? 안타깝게도 이 말을 위 상황처럼 문을 곧 닫으려는 가게에서 쓰면, 지갑을 가져오기도 전에 직원이 그냥 문을 닫아버릴 가능성이 높아요. 직원이 냉정해서라기보다는 여러분의 말을 오해해서 그럴 가능성이 커요. I'll be back은 '다음에 올게요'라는 의미에 더 가깝거든요. 마치 언제 올지 기약이 없는 약속처럼 들리죠. 가게 구경하다가 나갈 때 애매하게 '다음에 올게요'라고 하는 것과 비슷해요. 꼭 오겠다는 의미가 아니라 부드럽고 애매하게 돌려 말하는 느낌이죠. 앞으로 '금방 갔다 올게요'라고 할 때는 right을 꼭 추가해서 말해보세요.

● **I'll be right back!**

금방 갔다 올게요!

● **I'm going to run to the bathroom. I'll be right back!**

화장실 가야 돼요. 금방 올게요!

● **I'll be right back! I just need to go to the parking lot for a sec.**

금방 갔다 올게! 나 잠깐 주차장에 좀 가야 돼.

● **I'm going to go grab my sunglasses. Be right back!**

선글라스 좀 가져와야겠다. 금방 올게!

YouTube TALK

구독자 코멘트

right 대신 soon을 쓰는 건 어떤가요? I'll be back soon처럼요!

👍 👎

 어떤 가게가 공사 중일 때, 간판에 Coming soon이라고 써놓은 거 많이 보셨죠? 그 표현에는 어떤 의미가 있을까요? 1분, 10분 뒤가 아니라 그냥 언젠가 가까운 미래에 연다는 의미겠지요? 이처럼 soon에는 '곧'이라는 의미가 있긴 하지만 얼마나 '곧'일지는 살짝 애매합니다. 그래서 가게 문을 닫으려는 상황에서 I'll be back soon이라고 하면 효과가 없을 수 있죠. 문법적으로 틀린 말은 아니지만 '오늘 말고 다른 날 오려나 보다' 생각하고 문을 닫아버릴 수 있어요. 가게 주인을 잠깐 기다리게 하고 싶다면 I'll be right back!이라고 하는 게 가장 안전합니다. right를 쓰면 '바로 뒤에, 금방, 빨리'와 같이 잽싼 느낌이 잘 살거든요!

020 '오세요'라는 의미로 쓰는 come

K Hey, James!!

야, 제임스!!!

A What.

뭔데.

K 너한테 보여주고 싶은 거 있어! 와봐! 와봐!
Come! Come!

 come의 뜻을 어떻게 알고 계신가요? 사전에서 찾아보니 '~쪽으로 오다'라고 나오네요. 그래서 그런지 많은 분들이 '오세요!', '와!' 를 영어로 그냥 Come!이라고 하는 것 같아요. 아마 동사가 문장의 맨 앞에 오면 명령형이 되니까 그렇게 쓰는 거겠죠? 하지만 이렇게 말하면 상대방이 당황하거나 이해를 못 하는 듯한 표정을 지을 수 있어요. 일단 완성되지 않은 문장으로 느껴져서 '너! 오다! 오다!'와 같이 들릴 수 있고, 또 강아지에게 명령하듯 말하는 것으로도 들릴 수 있거든요. 기쁜 마음으로 초대하려던 게 명령처럼 전달되면 오해 가 생길 수 있겠죠? 앞으로 누군가를 부를 때는 이 표현들을 사용해 보세요!

캐주얼한 표현

● **Come here!**

이리 와봐!

● **Get over here!**

이리 와봐라!

● **Come on over!**

여기로 와줘!

더 정중한 표현

● **Could you come over here?**

여기로 와주실래요?

● **Could you please come here?**

여기로 와보실래요?

● **Would you mind coming over here?**

여기로 잠깐 와주실 수 있어요?

YouTube TALK

올리버쌤 네, 미국에서는 이런 식의 보디랭귀지에 좀 더 개방적인 것 같아요. '이쪽으로 와' 혹은 '조금 더 가까이 와'라고 할 때 가끔 미국인들은 집게손가락을 위로 올려서 까딱거리는 손짓을 하거든요. 한국에서는 이 손짓이 강아지한테나 쓰이는 거라서 사람이나 어르신에게 하면 아주 건방지고 예의 없는 거라고 들었어요. 하지만 미국인들은 딱히 그렇게 생각하지 않는답니다. 그래서 미국인이 그런 손짓을 하더라도 여러분을 무시하거나 강아지 취급하는 것이 아니니까 상처받지 않으셔도 돼요. 참고로 낯선 사람을 검지로 손가락질하는 것은 미국에서도 무례한 행동입니다. 미국과 한국의 몸 언어, 참 다르면서도 비슷한 것 같아요!

★ QUIZ 퀴즈

001 무슨 일 있어?

002 저는 서울에 살아요.

003 저~~기 있어.

004 저도 반갑습니다.

005 난 가볼게. 잘 가!

006 여기가 어디예요?

007 우리 같이 가자!

008 제 영어 실력이 안 좋으니 양해 부탁드릴게요.

009 금방 갔다 올게요!

010 여기로 와주실래요?

What's the 　　　?

I 　　　 in Seoul.

It's 　　　 over there.

It's nice to meet 　　　 　　　.

I gotta go now. 　　　 　　　!

Where 　　　?

Let's go 　　　!

My English isn't very good so please 　　　 with me.

I'll be 　　　 back!

Could you come over 　　　?

83

올리버쌤의
영어공부팁
❷

유튜브 채널 구독자들이

가장 많이 하는 질문에 대한

올리버쌤의 답변

Q_____
리스닝을 아무리 연습해도 못 알아듣겠어요

A_____
많은 한국인들이 영어를 공부할 때 듣기를 어려워해요. 생소한 단어, 어려운 문법은 둘째 치고 아마 모국어인 한국어 소리와 크게 달라서 그런가 봐요. 그래서 학생들과 상담을 하면 '듣기 실력이 너무 안 좋아요', '외국인이랑 대화하면 하나도 못 알아들어요' 같은 고민을 토로해요. 그런데 제가 '하루에 영어를 몇 시간 정도 들어요? 그리고 몇 시쯤에 들어요?'라고 물어보면 '영어 수업이 하루에 한 시간 정도긴 해요'와 같은 대답이 돌아오죠. 한 시간이 짧다고 말하고 싶은 것은 아니지만, 영어 듣기 연습은 영어 수업과 별개로 생각해야 합니다. 영어 수업으로 듣기 연습을 다 끝내려고 한다면, 듣기 연습 시간이 턱없이 부족한 셈이거든요. 저는 개인적으로 한국어 '듣기'에만 시간을 따로 투자해요. 하루에 한 시간 정도로요. 여러분도 오로지 '듣기'만을 위한 시간을 따로 투자해보는 게 어떨까요?

84

재미없는 듣기 연습은 그만!

사실 '듣기 연습'이라고 하면 학문적이고 어렵고 지루하게 들리죠. 독서실에 앉아서 이어폰으로 영어 뉴스를 들으면서 어려운 단어를 이해해야 할 것만 같아요. 하지만 듣기 연습을 무조건 재미없는 학문적 과제로만 할 필요는 없어요. 요즘엔 뉴스 이외에도 재미있는 영어 자료를 인터넷 덕분에 터치 한 번으로 쉽게 접해볼 수 있잖아요! 예를 들어 저는 제 관심사에 맞는 팟캐스트를 한국어로 들어요. 매일 새로운 쇼가 나오고 아주 다양한 채널이 있어서 전혀 지루하지 않죠. 저는 특히 한국 시사 뉴스를 듣는데 아나운서와 특별 게스트의 목소리를 다양하게 들을 수 있어서 아주 좋아요. 제가 특히 팟캐스트를 좋아하는 이유는 헤드폰을 끼고 눈을 감으면 팟캐스트의 주인공과 마치 한 방에 있는 것 같은 느낌을 받기 때문이에요. 그렇다 보니 완전히 쇼에 빠져들고 목소리와 대화에 집중할 수 있죠. 그래서 가끔 알아듣지 못하는 단어나 내용이 있어도 분위기 덕에 대충 이해하는 경우도 생겨요. 저는 주로 잠자기 전에 핸드폰으로 팟캐스트 쇼를 듣기 시작하고, 잠에 빠질 때쯤엔 핸드폰을 그냥 베개 아래쪽으로 넣어버려요. 베개 밑에서 한국어가 소곤소곤 속삭이는 듯한 효과를 느껴요. 이 방법으로 저는 잠자면서도 꾸준히 한국어를 들을 수 있고, 꿈에서도 같은 경험을 해요.

입 모양을 관찰해본 적이 있나요?

팟캐스트만큼 좋은 출처는 아마 유튜브일 거예요. 이 플랫폼에도 하루에 수많은 영상이, 즉 여러분의 좋은 듣기 학습 자료가 업로드되고 있어요. 좋아하는 유튜버가 생기면 실제로 만난 적이 없는데도 친구가 된 것 같은 기분이 들죠. 그래서 그 유튜버가 영상을 올릴 때마다 정이 들어서 무조건 보게 돼요. 유튜브로 학습하는 것의 장점은, 영상이다 보니 상황으로 맥락을 더 쉽게 이해할 수 있다는 거예요. 그리고 보통 카메라를 바라보며 말하는 형식이어서 입술의 움직임도 함께 볼 수 있죠. 저는 유튜브로 듣기 연습을 할 때 귀로는 그 유튜버의 음성과 발음에 집중하고, 눈으로는 유튜버의 입술 모양과 혀 움직임에 집중하면서 따라 해요. 마치 거울이 된 것처럼요. 입술을 보고 따라 하다 보면, 평소에 내가 잘못 발음했을 때의 혀 움직임과 입술 모양의 실수를 스스로 점검할 수 있어요.

그냥 아무거나 들으면 될까요?

만약 재미있는 팟캐스트나 유튜브 채널을 찾고 그 사람의 말을 100% 알아듣게 되었다면, 이제 다른 채널을 찾아봐야 할 시간이 된 겁니다. 그러지 않으면 영어 듣기 실력이 제자리에 머물 테니까요. 반대로 의욕이 넘쳐서 본인이 초보임에도 불구하고 어려운 것을 듣고 있다면, 욕심을 조금 버리고 나에게 맞는 쉬운 채널을 찾아봐야 합니다. 너무 어려운 것을 듣다 보면 재미도 없고 지루해지기만 해서 결국 포기할 가능성이 크니까요.

그럼 대체 어떤 것을 들어야 하냐고요? 일단 여러분의 관심사에 맞는 채널을 여러 개 찾아보세요. 100% 알아듣지는 못하더라도 어느 정도 이해할 수 있는 수준의 채널이 좋습니다. 대충이라도 알아들으니까 집중할 수 있고, 모르는 단어나 표현이 지나치게 많지 않아서 그때그때 모르는 것을 메모해놨다가 나중에 찾아볼 수 있어요. 모르는 표현이 가끔 생기더라도, 맥락을 이해할 수 있기 때문에 분위기로 느낌을 간파하는 경우도 많이 생기죠. 게다가 이렇게 느낌을 간파하게 된 단어는 더 잘 기억할 수 있답니다! 어때요? 여러분도 오늘 밤부터 베개 속에 팟캐스트를 틀어두고 잠자고 싶어지지 않나요?

Lesson 3

현지에선 안 통하는
한국식 영어 ❷

021 상대방을 부담스럽게 만드는 What's your name?

K **안녕하세요, 커피나라입니다. Can I help you?**
도와드릴까요?

A **I'd like a vanilla latte, please.**
저 바닐라 라떼 하나 주세요.

K **Okay. That'll be 5300 won.**
네. 5300원입니다.

아, 맞다! 이름! What's your name?
▶ **의도:** 이름이 어떻게 되시죠?

A **···My name? Oh··· Ah! Mike. Haha···.**
···제 이름요? 아··· 음. 마이크요. 하하···.

K **잉? 왜 당황하고 그러지?**

미국에서는 카페나 패스트푸드 식당에서 음식을 시키면 가끔 이름을 물어봐요. 한국처럼 진동벨이 없는 곳이 많거든요. 그래서 커피나 음식이 나오면 이름을 불러서 알려줍니다. 그런데 이렇게 업무용으로 이름을 물을 때는 What's your name?이라고 하지 않아요. 그 표현은 친구를 소개받거나 인사하거나 친밀한 분위기에서 상대방 이름을 알고 싶을 때 주로 쓰거든요. 그래서 업무용 분위기에서 쓰면 살짝 개인 공간을 넘는 느낌이 들고, 간혹 크게 불쾌해하는 사람들도 있어요. 게다가 what으로 시작하다 보니 대답하기 싫어도 선택지가 없는 공격적인 느낌도 들고요. 한국에서도 '이름이 어떻게 되시죠?', '성함이 어떻게 되세요?', '존함이 어떻게 되세요?'와 같은 예의를 갖춘 표현을 쓰잖아요. 비슷한 개념으로 보시면 되겠어요.

- ## Can I get a name?
  이름을 알 수 있을까요?

- ## Alright. Can I get your name?
  네. 이름이 어떻게 되세요?

- ## Can I get a name for your order?
  주문을 위해 이름 여쭤봐도 될까요?

- ## Can I get your first name?
  성함이 어떻게 되시죠?

- ## Can I get a name and phone number.
  성함과 전화번호를 말씀해주시겠습니까?

  ★ 업무용으로 전화번호를 물을 때도
  What's your phone number? 대신 이렇게 말해보세요.

YouTube TALK

구독자 코멘트

How can I call you?라고 하면 어색할까요?

👍 👎

 올리버쌤 How can I call you?라고 물어보면 '너에게 어떻게 전화할 수 있을까?'라는 말로 들려서 아주 어색합니다. '당신을 어떻게 불러야 할까요?'라고 말하고 싶은 거죠? 영어로 이 표현을 할 때는 how 대신 what을 써보세요. 오해가 사라질 테니까요. 그리고 can 대신 should로 대체하는 것도 추천해드립니다. '어떻게 불러줄까?' 대신에 '어떻게 불러드리면 좋을까요?'처럼 들려서 더 자연스럽고 친절한 표현이 되거든요. 추가로 이 질문은 꼭 이름에 대해서 물어보는 것이 아닙니다. 단순히 어떻게 불리고 싶은지 물어보는 거라서 상대방에게 이름 대신 별명을 듣게 될 수도 있어요.

- **What should I call you?**
  당신을 어떻게 불러야 할까요?

022 미국인은 거의 안 쓰는 What's your hobby?

A Jinsu? I heard a lot about you from Tom!

진수 씨 맞죠? 톰한테 얘기 많이 들었어요.

K Oh, you must be Ramy. I heard a lot about you as well! You're an engineer. Right?

오, 레미 씨죠? 얘기 많이 들었어요. 엔지니어시라고, 맞죠?

A That's right. It's a really tough job.

맞아요. 좀 힘든 일이죠.

K 아, 그럼 취미는 뭐예요? What's your hobby?

A Hobby? … I don't have time for hobbies….

취미요? … 그런 거 할 시간이 없어서….

처음으로 만난 사람과 친해지고 싶을 때 가장 무난한 대화 주제가 뭘까요? 아마 대표적으로 취미를 떠올리시겠죠? 그런데 이때 혹시 What's your hobby?라고 하시나요? 아마 많은 영어 교재에 그렇게 나오니까 자연스럽게 그 문장을 떠올리실 것 같아요. 하지만 의외로 원어민들은 잘 사용하지 않는 표현이랍니다. 상대방에게 취미가 없을 수도 있고, 로봇의 언어처럼 살짝 딱딱한 표현이거든요. 한국어로도 '취미가 무엇입니까?' 대신 '쉴 때 뭐 해요?', '보통 뭐하고 노세요?' 하고 묻듯이 영어로도 자연스러운 표현이 있습니다!

● **What do you do in your free time?**

자유 시간에 뭐 하고 놀아?

● **What do you do in your spare time?**

쉴 때 뭐 하고 놀아?

● **What do you do for fun?**

보통 뭐 하고 놀아?

● **What do you like to do on the weekend?**

주말에 뭐 하고 놀아?

● **Do you have any hobbies?**

취미 있어요?

YouTube TALK

구독자 코멘트
What do you do for fun? 이 표현은 나이 어린 사람들한테만 써야 하나요?
👍 👎

 (올리버쌤) 아마 fun을 어린 사람들이 쓰는 표현으로 느끼시나 봐요. 하지만 할머니 할아버지도 재미있게 노셔야죠! 많은 어르신들이 은퇴하면 시간이 많이 생겨서 헬스장에 가거나, 여행을 가거나, 등산을 가거나, 노래방에 가는 등 아주 다양한 활동을 하시잖아요. 미국 노인들도 마찬가지입니다. 물론 미국에는 노래방이 없지만요. 어떤 나라 노인이든 자신의 취미생활에 대해 이야기하는 건 좋아할 것 같아요. 그러니까 마음 편하게 fun을 써서 여쭤봐도 된답니다.

023 '어렸을 때'라는 의미로 쓰는 When I was young

A Do you like computer games?

너 컴퓨터 게임 좋아해?

K 음, 요즘은 안 하긴 하는데…. When I was young I loved computer games.

▶ **의도:** 어릴 때는 컴퓨터 게임 좋아했어.

A When you were young? What do you mean?

어릴 때라니? 무슨 말이야?

K 참 답답하네, 어렸을 때 말이야!!

 어린 시절 이야기 하는 거 좋아하세요? 저는 좋아해요. 지금도 장난꾸러기지만 어릴 때는 장난기가 더 심해서 친구들이랑 좋은 추억을 아주 많이 만들었거든요. 가끔은 너무 짓궂은 장난을 치는 바람에 엄마한테 많이 혼났지만요. 그런데 '어릴 때'를 영어로 뭐라고 할 수 있을까요? young을 '어리다'로 알고 있어서인지 많은 분들이 When I was young으로 이야기를 시작하더라고요. 물론 문법적으로 틀리진 않지만 '어리다'라는 건 상대적이잖아요? 그래서 비교급 없이 그냥 When I was young이라고 하면 '어릴 때'가 아니라 '젊었을 때'로 이해할 수 있답니다. 젊음을 다 보내고 완전히 다른 세대가 된 사람이라면 When I was young이라고 해도 자연스럽겠지만, 여러분이 10대, 20대, 30대, 40대라면 누가 봐도 아직 젊으니까 '내가 젊었을 때~'라는 말이 좀 어색하게 들릴 거예요. 본인이 아직 어리거나 나이가 많아도 젊다고 느낀다면 다음 표현을 사용해서 더 자연스럽게 말해보세요.

지금보다 어릴 때

● **When I was younger, I rode my bike every day.**

제가 어렸을 때는 자전거를 매일 탔어요.

● **When I was younger, I loved traveling alone.**

제가 어렸을 때는 혼자 여행하는 걸 좋아했죠.

5살~18살 사이

● **When I was a kid, I liked rock music.**

제가 어린애였을 때는 록 음악을 좋아했어요.

● **When I was a kid, I played computer games everyday.**

제가 어린애였을 때는 컴퓨터 게임을 매일 했어요.

10살 아래, 꼬맹이

● **When I was little, I ate a lot of junk food.**

제가 쪼끄맸을 때는 정크 푸드 많이 먹었어요.

● **When I was little, I hated eating mushrooms.**

제가 꼬맹이였을 때는 버섯을 먹기 싫어했어요.

YouTube TALK

구독자 코멘트

젊은 시절을 회상하면서 말할 땐 어떤 표현을 쓸 수 있을까요? back in my younger age라고 말하면 되나요?

👍 👎

(올리버쌤) '젊었던 시절'을 말하고 싶은 건가요? back in my younger age라는 표현은 거의 맞았어요! 더 자연스럽게 말하고 싶다면 그 대신에 in my younger days(혹은 years)라고 해보세요. 말하는 사람의 나이에 따라서 '더 젊었던 시절'이라는 뜻이 될 수 있답니다. 주로 나이 많은 어르신들에게서 많이 들을 수 있어요.

- I was a truck driver in my younger years.
  나는 젊은 시절에 트럭 운전사였어.

- I had a lot of muscle in my younger years.
  내가 젊은 시절에는 근육이 많았단다.

- I was crazy about computer games in my younger days.
  나는 젊은 시절에 컴퓨터 게임에 미쳐 있었지.

024 '나 고등학교 때' 미국인은 어떻게 말할까?

A Wow! Soomin! You look younger in this photo!

와! 수민아! 사진에서 너 엄청 어려 보인다!

K Oh yeah. I was younger then.

응. 그때는 더 어렸지.

When I was a high school student, I was very popular.

▶ **의도:** 나 고등학생 때 아주 인기가 많았어.

A Oh··· When you were in high school?

너 고등학교 다닐 때?

K 응! 나 고등학생 때! 뭐가 좀 어색한가?

과거 얘기나 학창시절 이야기 하는 거 좋아하세요? 그런 이야기를 할 때 주로 '야, 내가 초딩이었을 때~', '내가 고딩이었을 때~'라고 이야기를 시작하잖아요. 이 표현을 영어로는 뭐라고 할까요? 많은 한국 사람들이 When I was a high school student~ 같은 패턴을 사용하는 것 같아요. 사실 문법적으로 문제없고 원어민도 이해할 거예요. 그런데 원어민들이 자주 쓰는 패턴은 아니에요. 아마 좀 더 자연스럽게 들리도록 말하고 싶거나 말하기 시험에서 점수를 더 받고 싶다면 이런 패턴을 써보는 건 어떨까요? 원어민이 더 자주 사용하는 패턴을 소개해드릴게요!

● **When I was an elementary student, I was really short.**

나는 초등학생이었을 때 키가 아주 작았어.

➡ **When I was in elementary school, I was really short.**

나는 초등학교 다닐 때 키가 아주 작았어.

★ '학생 때'보다 '학교 다닐 때'를 중심으로 말해보세요.

➡ **Back in elementary school, I was really short.**

전에 초등학교 다닐 때 나 키가 아주 작았어.

★ 회상 느낌이 강해져요.

➡ **I was really short in elementary school.**

나는 초등학교 다닐 때 키가 아주 작았어.

★ 가장 간단한 표현이에요.

● **When I was a high school student, I was a nerd.**

나는 고등학생이었을 때 좀 괴짜였어.

➡ **When I was in high school, I was a nerd.**

나는 고등학교 다닐 때 좀 괴짜였어.

➡ **Back in high school, I was a nerd.**

전에 고등학교 다닐 때 나 좀 괴짜였어.

➡ **I was a nerd in high school.**

나는 고등학교 다닐 때 좀 괴짜였어.

▶ YouTube TALK

구독자 코멘트

I was a nerd in high school이라는 문장에서 high school 앞에 my를 붙여야 하는 것 아닌가요?

👍 👎

올리버쌤 I was a nerd in high school(나 고등학교 다닐 때 괴짜였어)이라고 말하면 상대방이 문맥상 '본인의 학교'를 말하는 것으로 잘 이해할 수 있습니다. 그래서 my를 붙일 필요가 없어요. 굳이 my를 붙이면 더 어색하게 들리죠. 마찬가지로 Were you a nerd in high school?(너 고등학교 다닐 때 괴짜였어?) 하고 물을 때도 high school 앞에 your를 추가하지 않아요. 그런데 my나 your 같은 소유형용사를 항상 안 쓰는 건 아니에요. 내가 다니는 학교랑 다른 학교를 비교할 때는 붙이거든요. 예를 들어서 이런 문장들은 자연스러워요.

- We have a swimming pool at <u>my</u> high school.
  (다른 학교와 다르게) 우리 고등학교에는 수영장이 있어요.

- The teachers are nicer at <u>my</u> school.
  (다른 학교에 비해서) 우리 학교 선생님들은 더 친절해요.

025 친구를 삐치게 만드는 my friend

A So what are you doing this Friday?

너 이번 주 금요일에 뭐 하나?

K 아, 이번 주말? I'm going to hang out with my friend.

▶ **의도:** 아마 내 친구랑 놀 것 같아.

A Your··· friend? I guess I'm just a guy you know, huh?

네··· 친구? 그럼 난 그냥 아는 사람이나?

K 물론 너도 친구지!!! 왜 삐치고 그래!!!

많은 분들이 친구를 영어로 무조건 my friend라고 하더라고요. 맞는 표현 같지만 미국인 친구 앞에서 다른 친구를 언급할 때 my friend라고 했다가는 그 친구가 크게 삐칠 수도 있습니다. 사실 여러분에게 그 친구 딱 한 명만 있는 건 아니잖아요. 여러 친구 중 그 한 사람을 칭하고 싶을 때는 a friend라고 하는 것이 적절해요. 단, 애인을 말할 때는 딱 한 명뿐이니까 a boyfriend/girlfriend 대신 꼭 my boyfriend/girlfriend라고 해야 합니다. 관사 때문에 달라지는 이 뉘앙스 때문에 친구 앞에서 다른 친구에 대해 얘기할 때 my friend라고 하면 '어, 뭐지, 나는 친구 아닌가?', '왜 my를 강조하지?'라며 소외감을 느낄 수 있어요. 여러분이 오해를 사는 일이 없도록 상황에 따라 더 자연스러운 표현을 알려드릴게요.

친구에게 다른 친구에 대해 얘기할 때

● **I met up with** <u>a friend</u> **last night.**

어제 저녁에 친구 만났어.

● **I went to a BTS concert with** <u>a friend</u>.

어제 친구랑 BTS 콘서트 갔어.

● **I saw** <u>some friends</u> **last night.**

어제 저녁에 친구들 좀 봤어.

친구에게 다른 친구를 소개할 때

● **This is** <u>my friend, Oliver</u>.

여긴 내 친구 올리버야.

● **Have you met** <u>my friend, Kerry</u>?

내 친구 케리 만난 적 있어?

★ 이 경우에는 나와 상대방의 관계를 설명하고 있기 때문에
my friend라고 해도 괜찮아요.

구독자 코멘트
a friend of mine이라는 표현도 배웠어요.

올리버쌤 a friend of mine도 괜찮아요. '친구 여러 명 중의 한 명'이라는 뜻이니까 다른 친구에게 말해도 어색하거나 배척하는 느낌을 주지 않죠. 여기에서 mine은 소유대명사인데 mine 말고 his, hers, ours도 쓸 수 있어요. 어떻게 사용하는지 예문으로 보여드릴게요.

- A friend of mine is coming over in an hour.
  내 친구 한 명이 한 시간 뒤에 여기 온대.

- I'd like to introduce you to a friend of mine.
  내 친구 한 명을 너한테 소개해주고 싶어.

- He used to be a friend of ours.
  걔 우리 친구였어.

- Is she a friend of yours?
  걔 네 친구야?

- He is a friend of hers.
  그 녀석 걔 친구야.

026

집에 손님을 초대할 때 쓰는
Come to my house

(전화 통화)

A Hey! What's up?

야! 뭐 해?

K Just relaxing at home… You?

그냥 집에 있어… 너는?

A Same!

나도!

Hey, you wanna come over?

▶ **이해:** 야, 너 올래?

K 뭐? 어디로? Where?

한국에서는 쉽게 친구를 만나서 피시방이나 노래방에 가서 놀 수 있지만, 미국에는 피시방이나 노래방이 잘 없어서 대신 친구 집에서 만나 노는 경우가 많아요. 저도 어릴 때 친구 집에서 자주 놀곤 했어요. 잠옷이랑 비디오 게임 CD를 들고 친구 집에 갈 때만큼 신나는 일은 없었죠! 저는 특히 플레이스테이션 게임을 너무 좋아해서 친구 집에 갈 때마다 가방에 게임 CD를 꽉 채워 가곤 했답니다. 그런데 미국인 친구에게 '우리 집에 놀러 와'라고 말할 때 직역해서 Come to my house!라고 말해도 될까요? 틀린 표현은 아니지만 사실 미국인들은 그것보다 다른 표현과 더 친숙해요. 여러분이 문제없이 미국인 친구의 초대에 응할 수 있게 자주 들을 수 있는 표현만 골라 알려드릴게요.

● **Hey! Do you want to come over?**

야! 우리 집에 놀러 올래?

● **Do you want to come over to my place?**

우리 집에 놀러 오고 싶어?

> ★ house는 주택, my flat은 아파트를 의미하고,
> my place는 모든 거주 형태에 쓸 수 있어요.

● **Frank came over earlier.**

프랭크가 아까 놀러 왔다 갔어.

● **Feel free to drop by my place if you're bored.**

심심하면 우리 집에 들러.

● **You're in town? You should drop by my flat later!**

우리 동네에 있다고? 이따가 우리 집에 들러!

● **I'll drop by your place after work.**

나 퇴근하면 너네 집에 들를게.

▶ YouTube TALK

구독자 코멘트
**내가 먼저 놀러 가도 되는지 물어볼 땐 어떻게 말해야
하나요?**

👍 👎

올리버쌤 흠, 표현을 설명하기 전에 팁 하나를 먼저 드리고 싶어요.
한국어로는 '놀러 가도 돼?'라고 바로 물어봐도 어색하지 않지만, 영어
로는 살짝 직접적으로 들리거든요. 그래서 놀러 가도 되냐고 물어보기
전에 '뭐 해?', '같이 놀고 싶어'와 같은 말로 먼저 분위기를 만드는 게
더 좋을 것 같아요. 아래와 같은 흐름으로 대화해보세요.

- Hey what's up? Are you busy? 야! 뭐 해? 바빠?
- Do you want to chill? 나랑 놀래?
- Do you want to hang out? 나랑 놀까?

그리고 친구가 놀고 싶어 하는 것 같으면 바로 이런 문장으로 말해보세요.

- Can I come over? 놀러 가도 돼?
- Can I come over tonight? 오늘 밤에 놀러 가도 돼?
- Can I come over and chill? 나도 가서 같이 뒹굴뒹굴해도 돼?
- Would it be alright if I came over to your place?
  너네 집에 가서 놀아도 될까?
- Can I drop by your place to chill? 너네 집에 들러도 되냐?

027

당연한 소리로 들리는 I like eating

A So what do you do in your free time?

놀 때 보통 뭐 해요?

K 아, 저는 친구랑 맛집에 많이 가요. I usually go out to eat with friends.

A Oh, really? That's cool.

오, 정말요? 재밌겠네요.

K 네. 저 먹는 거 진짜 좋아하거든요. I like eating very much.

A You like⋯ eating? Haha⋯.

먹는 거⋯ 좋아한다고요? 하하⋯.

K 뭐지? 혹시 돼지 같다고 생각하나?

한국에서 '먹는 거 좋아해'라고 말하는 친구들을 정말 많이 만나봤어요. 주말마다 맛집을 찾아가는 것은 아주 흔한 취미고, 조금 유명한 맛집 앞에는 항상 긴 줄이 있고, 텔레비전을 틀면 쉽게 먹방을 찾아볼 수 있죠. 아마 한국에 맛있는 음식이 아주 많아서 그런 것 같아요. 그런데 '먹는 거 좋아해'를 영어로 어떻게 말할 수 있을까요? 보통 많은 분들이 I like eating이라고 하는데요, 틀린 표현은 아니지만 영어권에서는 비교적 생소한 편입니다. 먹는 걸 싫어하는 사람은 사실 드물잖아요. 그래서 살짝 당연한 소리를 하는 느낌이 듭니다. 맛있는 음식에 대한 사랑이 크고, 본인이 음식 애호가임을 강조하고 싶다면 이렇게 말해보세요. 느낌이 더 팍팍 산답니다!

● **I'm a** foodie.

나 먹는 거 좋아해.

★ foodie는 음식 애호가라는 뜻이에요.

● **I'm a total** foodie.

나 먹는 거 완전 좋아해.

★ total로 표현을 강조해요.

● **Itaewon is a great place for** foodies **like me.**

나처럼 먹는 거 좋아하는 사람한테는 이태원이 딱이지.

● **There was a long line of** foodies **outside of that restaurant.**

그 식당 앞에 먹는 거 좋아하는 사람들이 길게 줄 서 있더라.

● **I had no idea that you were such a** foodie.

네가 먹는 거 그렇게 좋아하는지 몰랐어.

▶ YouTube TALK

구독자 코멘트

특별히 좋아하는 음식이 있을 때는 어떻게 표현하나요? 예를 들어 피자 푸디면, I'm a pizza foodie라고 쓰면 될까요?

👍 👎

 올리버쌤 food는 범위가 아주 넓은 단어잖아요? 모든 음식을 의미하니까요. 그래서 만약 특정한 음식, 예를 들어 피자를 너무 좋아한다고 말하고 싶다면 pizza와 foodie를 합치는 것보다 addicted to(~에 중독되었다)라는 표현을 쓰는 게 더 자연스러워요. 피자를 사랑하는 느낌을 확실히 살리니까 꼭 써보세요. 아마 이미 아는 분도 계실 것 같지만, 이 책을 통해 저도 고백해보겠습니다! 저도 addicted to pizza입니다!!

- I'm <u>addicted to</u> pizza.
  피자라면 나 환장해.

- My sister is <u>addicted to</u> cake.
  내 여동생 케이크라면 환장해.

- My best friend is <u>addicted to</u> ice cream.
  내 절친은 아이스크림이라면 환장해.

혹은 그냥 I'm a _____ addict(난 _____의 중독자) 패턴도 쓸 수 있어요.

- I'm a pizza <u>addict</u>.
  난 피자 중독자야.

- Are you a chocolate <u>addict</u>?
  너 초콜릿 중독자야?

028 싸늘한 반응을 불러일으키는 Can I follow you?

K Tom, what are you going to do after school?

톰, 너 학교 끝나고 뭐 해?

A I'm probably going to go to Lake Park with James.

나 아마 제임스랑 호수공원에 갈 것 같아.

K 헐! 진짜? 나도 가고 싶은데. Can I follow you?

▶ **의도**: 나도 따라가도 돼?

A Haha··· Follow··· me?

하하··· 따라··· 온다고?

K 반응이 왜 그래? 나랑 노는 거 싫어??

 ★ 친구가 피시방이나 노래방 간다고 할 때, 같이 따라가서 놀고 싶을 때 있죠? 이런 경우에 따라가고 싶다는 말을 어떻게 할 수 있을까요? 같이 놀 생각에 신나서 Can I follow you?라고 했다가는 싸늘한 반응이 돌아올 수 있어요. 이렇게 말하면 '미행하다', '뒤를 밟다'와 같은 느낌이 들거든요. 미행한다는데 흔쾌히 허락해줄 사람은 당연히 없겠죠? 재미있는 곳에 가는 친구들 사이에 끼고 싶다면 다음 표현을 사용해보세요!

● **Can I tag along?**

나도 따라가도 돼?

● **Do you mind if I tag along?**

나 따라가면 안 될까?

● **Would it be alright if I tagged along?**

나 따라가도 괜찮을까?

● **Can my brother tag along?**

내 동생도 따라와도 돼?

● **Feel free to tag along.**

따라와도 돼!

YouTube TALK

구독자 코멘트

SNS 팔로하고 싶을 때 Can I follow you?라고 물으면 될까요?

올리버쌤 네! 그 경우에는 Can I follow you?라고 할 수 있어요. SNS에 '팔로' 기능이 있으니까 상대방이 이상하게 반응하지 않을 거예요. 아마 먼저 Do you have Instagram?(너 인스타그램 해?)이라고 물어본 뒤에 Can I follow you?(팔로해도 돼?)라고 하는 게 제일 자연스러울 것 같아요. 이와 관련된 표현을 다양하게 쓸 수 있게 인스타그램 팔로와 관련된 예문을 더 보여드릴게요.

- Did you <u>follow</u> me back?
  너 나 맞팔했어?

- He never <u>follows</u> back.
  걔 맞팔 안 해줘.

- She <u>unfollowed</u> me.
  걔가 나 언팔했어.

- Why did you <u>unfollow</u> me?
  왜 나 언팔한 거야?

029 '~를 잘하다'는 의미로 쓰는 be good at

A Who is this guy in this photo?

여기 사진에 있는 애 누구야?

K He's my best friend.

걔 내 베프야.

A Oh, really? He looks cool!

오, 그래? 멋있어 보이네!

K 응! 공부도 완전 잘해! 전교 1등이야! He's really good at studying.

▶ **의도:** 이 친구 공부도 정말 잘해.

A Good at studying? Oh··· Cool!

공부를··· 잘해? 오··· 멋지군!

K 뭐지? 내가 문법 실수한 건가?

★ '뭔가를 잘하다'라는 표현을 영어로 어떻게 할까요? 교과서에서 be good at이라는 표현 잘 배웠죠? 그래서 '수영을 잘한다'는 I'm good at swimming, '춤을 잘 춘다'는 I'm good at dancing이라고 표현해볼 수 있어요. 그런데 '공부 잘한다'는 영어로 뭐라고 할까요? I'm good at studying이라고 할 수 있을까요? 문법적으로는 큰 문제가 없지만 원어민에게 어색하게 들리는 이유가 있어요. 엄밀히 말해서 be good at은 '솜씨가 좋다'라는 뜻이거든요. 그래서 I'm good at studying이라고 하면 아마 상대방이 '공부하는 솜씨가 좋다는 게 무슨 뜻이지? 필기 솜씨가 좋다는 건가?' 하고 혼란스러워할 거예요. 사실 공부를 잘한다는 말을 풀어서 이해하면 성적이 좋다는 거잖아요. 이 의미와 가깝게 표현하면 더 자연스럽게 들릴 거예요!

공부 잘하는 친구를 묘사할 때

● **He's a straight-A student.**

그 친구 공부 잘해.

★ straight-A student: 항상 올A를 받는 우등생을 말해요.

● **She has really good grades.**

걔 성적 되게 좋아.

★ 정말 직관적인 표현이죠?

● **She does really well in school.**

그 친구 학교에서 우등생이야.

나도 공부 잘하고 싶을 때

● **I want to improve my grades.**

공부 잘하고 싶어.(= 성적 올리고 싶어)

● **I want to get better grades.**

더 좋은 성적 받고 싶어.

YouTube TALK

> **구독자 코멘트**
>
> **street smart라는 말도 들어봤는데, 이것도 성적이랑 관련 있나요?**
>
> 👍 👎

 올리버쌤 똑똑함에도 사실 여러 종류가 있는데, 책을 많이 보고 성적이 높은 똑똑함은 영어로 book smart라고 할 수 있어요. 경험은 많지 않지만 책을 통한 지식이 많다는 뜻입니다. book smart들은 주로 시험 성적이 높아서 좋은 대학교에 가고 좋은 직업도 잘 구하죠. 그런데 성적과 다른 똑똑함도 있잖아요. 위험한 동네에 가서 어떻게 행동해야 할지, 어느 길, 어떤 사람을 피해야 할지 아는 것 말이에요. 이런 '센스'가 아주 발달한 사람들을 주로 street smart라고 해요. 특히 큰 도시에 살면 이런 지식이 아주 많이 필요하답니다. 여러분도 앞으로 뉴욕이나 캘리포니아 같은 큰 도시에 갈 때, 안전한 여행을 위해 street smart도 잘 챙겨보세요.

030 '찾고 있다'는 의미로 쓰는 finding

A Hey, where are you?
야, 너 뭐 하냐?

K Hey! I'm finding a restaurant.
▶ **의도:** 안녕! 나 맛집 좀 찾으려고.

A What…? Finding?
뭐…? 찾아?

K 응! 뭐 문제 있어?

★ find의 뜻이 뭘까요? '찾다'일까요? 그럼 내가 뭔가를 찾고 있다고 말할 때는 어떻게 말해볼 수 있을까요? 현재진행형으로 be finding 이라고 하면 될까요? 예를 들어 저희 집 고양이가 집을 나가서 찾아야 할 때 I'm finding my cat, Cream(제 고양이 크림을 찾아요) 라고 말하면 될까요? 문법적으로는 문제가 없어 보여도 원어민에게는 아주 어색하게 들릴 수 있어요. 사실 '찾다'라는 의미의 find는 엄밀하게 말해서 '찾아낸 그 순간'을 뜻하거든요. 딱 그 찰나의 시간을 말하는 거라서 진행형으로 쓰면 당연히 어색해지는 것이죠. 앞으로 뭔가를 찾는 중이라고 말할 때는 be looking for를 사용해보세요.

● **I'm finding a restaurant.**

(X)

➡ **I'm looking for a restaurant.**

나 식당 찾고 있어.

● **I'm finding my wallet.**

(X)

➡ **I'm looking for my wallet.**

나 지갑 찾고 있어.

● **We are finding a lost puppy.**

(X)

➡ **We are looking for a lost puppy.**

잃어버린 강아지를 찾고 있어요.

● **What are you finding?**

(X)

➡ **What are you looking for?**

너 뭘 찾고 있어?

● **Who are you finding?**

(X)

➡ **Who are you looking for?**

누구 찾고 있어?

▶ YouTube TALK

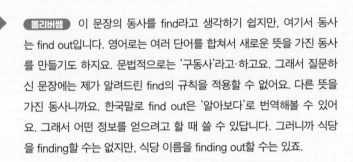

구독자 코멘트

I'm finding out은요? 미국인 친구가 이렇게 말한 적 있어요!

👍 👎

올리버쌤 이 문장의 동사를 find라고 생각하기 쉽지만, 여기서 동사는 find out입니다. 영어로는 여러 단어를 합쳐서 새로운 뜻을 가진 동사를 만들기도 하지요. 문법적으로는 '구동사'라고 하고요. 그래서 질문하신 문장에는 제가 알려드린 find의 규칙을 적용할 수 없어요. 다른 뜻을 가진 동사니까요. 한국말로 find out은 '알아보다'로 번역해볼 수 있어요. 그래서 어떤 정보를 얻으려고 할 때 쓸 수 있답니다. 그러니까 식당을 finding할 수는 없지만, 식당 이름을 finding out할 수는 있죠.

- She's <u>finding out</u> the name of the restaurant.
  그녀가 그 식당 이름을 알아보고 있다.

QUIZ 퀴즈

001 주문을 위해 이름 여쭤봐도 될까요?

002 보통 뭐 하고 놀아?

003 제가 어렸을 때는 자전거를 매일 탔어요.

004 나는 초등학교 다닐 때 키가 아주 작았어.

005 어제 저녁에 친구 만났어.

006 우리 집에 놀러 오고 싶어?

007 나 먹는 거 완전 좋아해.

008 나 따라가면 안 될까?

009 그 친구 공부 잘해.

010 나 식당 찾고 있어.

Can I ____ a name for your order?

What do you do for ____?

When I was ____, I rode my bike every day.

When I was ____ elementary school, I was really short.

I met up with ____ last night.

Do you want to ____ ____ to my place?

I'm a total ____.

Do you mind if I ____ ____?

He's a ____ student.

I'm ____ for a restaurant.

Q

영어로 말실수할까 봐 너무 무서워요

A

많은 한국인 학생들에게 '영어로 말실수할까 봐 걱정돼요', '영어로 말실수했는데 너무 쪽팔려요' 같은 메시지를 받아요. 꽤 많은 분들이 영어 실수로 인한 트라우마 때문에 쉽게 말문을 못 여는 것 같더라고요. 하지만 이건 영어 학습자인 여러분에게만 일어나는 일이 아니에요. 한국어를 배우는 저 같은 외국인도 아주 자주 겪는 일이거든요. 그래서 오늘은 제 말실수 에피소드 하나를 여러분과 나눠보려고 해요.

영어 단어를 외울 때 두 개의 단어가 너무 비슷하게 보이거나 들리는 경험 해본 적 있으시죠? 저도 한국어를 배우면서 헷갈린 적이 많았어요. 그래서 그런 단어들을 혼동해서 쓴 적도 많았죠. 순수한 실수처럼 보이면 다행인데, 가끔은 주변 사람들을 당황하거나 놀라게 만들었어요. 예를 들면 어느 토요일 아침, 일어나니까 손이 너무 건조하고 아픈 거예요. 아마 전날 케틀벨 운동을 너무 열심히 했거나 겨울의 찬바람 때문이었던 것 같아요. 미국에서 가져온 크림을 발라봤는데 전혀 효과가 없었어요. 그래서 한국의 핸드크림을 구매하기로 마음을 먹었어요. 먼저 올리브영 매장을 검색해보니 다행히 집 근처에 하나가 있더라고요. 가게에 들어서니 직원들이 밝게 웃으며 '올리브영입니다. 필요한 거 있으시면 말씀해주세요'라고 하더라고요. 그 미소를 보니까 저도 덩달아 기분이 좋아지고, 한국어에 대한 자신감이 솟구치기 시작했어요. 물론 핸드크림을 직접 찾아볼 수도 있었겠지만, 종류가 너무 많아서 어떤 게 어떤 건지 모르겠더라고요. 그래서 핸드크림으로 보이는 것을 하나 집어 들고 직원에게 이렇게 말했어요.

> **직원:** 필요한 거 있으세요, 손님?
> **나:** 네. 이거 빨아봐도 돼요?
> **직원:** 네??????
> **나:** 공짜로 빨아볼 수 있어요? 이거 빨고 싶어요. 괜찮아요?

직원이 제 말을 잘 알아듣지 못하는 것 같아서 저는 계속해서 같은 말을 되풀이했어요. 그런데 이상하게 제가 말을 하면 할수록 직원의 얼굴이 빨개지고 안절부절못하는 것 같더라고요. 직원들이 웅성거리기 시작하자 저도 뭔가 잘못된 걸 직감했죠. 그래서 그냥 포기해버리고 도망치듯이 집으로 돌아왔어요. 그러곤 뭐가 문제였는지 계속 생각해봤어요. 아무리 생각해봐도 모르겠더라고요. 그래서 사전을 펼쳤는데 펼치자마자 제 실수를 깨달았어요. 제가 하려던 말은 '바르다'였는데 '빨다'와 헷갈렸던 거죠. 제 실수를 깨닫는 순간 손이 오글거리고 부끄러워지기 시작했어요. 직원이 저에 대해 어떻게 생각했을지 상상하니까 더 부끄러워졌어요. 저를 분명히 변태라고 생각했을 테니까요. 하지만 여기서 끝낼 수는 없었어요. 그럼 정말 오랫동안 트라우마로 남을 수도 있고, 그 직원의 머릿속에 저는 영원한 변태로 남을 테니까요. 그래서 그날 밤 자면서도 계속 머릿속으로 '바르다'와 '빨다'를 연습했어요. 그리고 다음 날 일어나자마자 다시 올리브영으로 가서 그 직원을 찾았어요. 그리고 또박또박 말했죠. '이거 발라봐도 돼요? 빨다 아니라 바르다!'라고 말했어요. 그랬더니 직원이 활짝 웃으며 '아! 이제 이해하겠네요'라고 해주셨어요. 저의 변태 이미지가 사라지는 것 같아서 뿌듯했죠.

이날 이후로 저는 이 바보 같지만 다행스러운 이야기를 한국인 친구들에게 한국어로 열심히 설명해주었어요. 이야기가 너무 우스웠는지 친구들은 제 이야기를 열심히 들어주었고, 덕분에 재미있는 대화를 할 수 있었죠. 아마 그 바보 같은 실수 이야기로 새로 얻은 친구가 다섯 명은 족히 넘을 거예요. 여러분에게도 바보 같은 영어 실수 에피소드가 있나요? 너무 부끄러워하지 말고 오히려 친구와 나눌 수 있는 이야깃거리로 사용해보는 건 어떨까요? 외국어 학습자라면 누구나 겪는 일이고, 어떤 부끄러운 일이라도 웃어넘기면 좋은 추억으로 남을 테니까요. 저는 지금도 새로운 친구가 생기면 이 이야기를 꺼내본답니다.

Lesson 4

교과서로는
절대 못 배우는
아찔한 표현들

Oliver's English

031 lover는 애인이라는 뜻이 아니다?!

A Before we go, does anybody have a question?

수업 끝나기 전에 질문하고 싶은 사람?

K 네, 선생님! Do you have a lover?

▶ **의도:** 혹시 애인 있으세요?

A What?! No! Why would you even think that?

뭐? 아니! 대체 왜 그렇게 생각하는 거야?!

K Because you're handsome!

잘생기셨으니까요!

A Well… I have a wife and kids!

참… 난 아내도 있고 자식도 있다고!!

K 아니… 왜 대체 이렇게 화를 내시는 거야?

애인을 영어로 어떻게 말할 수 있을까요? 사랑하는 사람이라는 뜻이 니까 lover라고 하면 될까요? 아주 틀린 말은 아니지만 문맥이나 상황에 따라 큰 오해를 초래할 수도 있습니다. 한국말로 애인은 남자친구, 여자친구, 교제 중인 사람을 통틀어서 부르는 말이지만, 영어로 lover는 조금 느낌이 다르거든요. 성적으로는 친밀하지만 정확한 관계는 내포하지 않는 표현입니다. 그러니까 어떤 사람이 lover라는 말을 썼을 때 그 말에는 연인이 아닐 수도 있다는, 불분명한 해석의 여지가 남아 있게 들려요. 그래서 애인이 있는지 물어보려고 Do you have a lover?와 같은 질문을 하면 상대방이 깜짝 놀랄 수 있습니다. 특히 상대방이 결혼한 사람이라면 더 당황하겠죠?

연인 관계인 경우

● **This is my lover, Jenny.**

(X)

➡ **This is my girlfriend, Jenny.**

이 사람은 내 여자친구 제니야.

● **This is my lover, Jake.**

(X)

➡ **This is my boyfriend, Jake.**

이 사람은 내 남자친구 제이크야.

아직 썸 타는 관계인 경우

● **This is my friend, Jenny.**

내 친구 제니야.

★ 관계가 아직 확실하지 않으니까요.

연인 사이임을 밝힐 때

● **We're lovers.**

(X)

➡ **We're a couple. / We're boyfriend girlfriend.**

우리는 사귀는 사이예요.

애인 있냐고 물어볼 때

● **Do you have a lover?**

(X)

➡ **Are you seeing anyone?**

만나는 사람 있어요?

YouTube TALK

올리버쌤 네! 만약 상대방이 '너네 둘이 친구야, 뭐야?(Are you two friends or what?)' 하고 물었는데 연인 관계임을 확실히 밝히고 싶다면 그렇게 말할 수 있습니다. 원래 relationship은 범위가 넓은 '관계'라는 뜻이지만, 맥락에 따라 사귀는 사이임을 말하기도 해요. 그래서 누군가 와 사귀기 시작하면 We just started a relationship이라고 할 수도 있고, 헤어지면 We just ended our relationship이라고 할 수 있어요. 연인뿐 만 아니라 부부 관계를 말할 때도 쓸 수 있으니 참고하세요!

032 I came!이라고 하면 변태 된다

K   안녕, 얘들아! 나 왔어! I came!!!

> ▶ **의도:** 나 왔어!

A1   Cool story bro···.

헐··· 야··· 대단하다.

A2   I'm gonna get you some Kleenex!

티슈 좀 가져다줄게!

K   잉? 뭐야! 왜 다들 가! 나 왔다니까!!

★ 집에 도착했을 때 혹은 약속 장소에 도착했을 때 먼저 온 친구들에게 도착했다고 '얘들아! 나 왔어!' 하고 말할 때가 있죠? 이 말은 영어로 뭐라고 할까요? come이라는 동사를 과거형으로 써서 I came 이라고 하면 될까요? 꽤 많은 한국인들이 약속 장소에 도착할 때 I came!이라고 하더라고요. 그 탓에 저 혼자 얼굴을 붉힌 일이 많았어요. 사실 그렇게 말하면 도착했다는 뜻보다는 야한 동영상에서 쓰는 표현이 되거든요. 그동안 I came을 많이 쓴 것 같아서 부끄럽고 충격적이라고요? 괜찮아요! 앞으로 안 그러면 되죠! 😄 제가 절대 변태로 오해받지 않을 표현을 알려드릴게요. 앞으로는 이렇게 말해 보세요.

★ 대체 무슨 말인지 이해 못 하겠다는 분들은 구글 이미지로 I came을 검색해보세요! 대신 후방 주의!

EXPRESSIONS 이렇게 말해보세요

● **I came!**
(X)

➡ **I'm here!**
나 왔어!

● **Uncle John came!**
(X)

➡ **Uncle John's here!**
존 삼촌 오셨네!

● **Jake came!**
(X)

➡ **Jake's here!**
제이크 왔네.

● **Did you come?**
(X)

➡ **Are you here?**
너 여기 왔어?

YouTube TALK

구독자 코멘트

집에 도착했다고 할 땐 I'm home이라고 하는 거죠?

👍 👎

> **올리버쌤** 맞아요! I'm home도 '나 왔어!'라는 뜻을 가진 표현이에요. 차이가 있다면 I'm here는 어떤 장소에 도착하든지 따지지 않고 사용하지만 I'm home은 자기 집에 도착할 때만 쓰지요. 그래서 미국 가족 영화를 보면 이 표현을 아주 자주 들을 수 있어요. 미국인들은 집에 도착하면 마음이 편해지고 가족을 보게 되는 기쁨에 큰 목소리로 I'm home!이라고 발표하듯 말하거든요. 아마 영어 표현 중에 손꼽히는 중요 표현인 것 같아요. 집에 도착했을 때 쓸 수 있는 더 다양한 표현을 예문으로 알려드릴게요.

- I'm home.
  나 (집에) 왔어요!

- Dad's home.
  아빠 (집에) 오셨어.

- You're finally home.
  드디어 (집에) 왔구나.

- Are you home?
  너 (집에) 도착했어?

  ★ 이 문장은 문맥에 따라 '너 집에 있어?'라는 뜻으로도 해석할 수 있어요.

033 미국인이 보낸 XOXO 문자에 숨은 의미

K   어? 여자친구에게 문자 왔네!

(문자) **Sweet dreams! XOXO**

K   **X…O?** 이게 뭐지? OX 퀴즈 내는 건가?

영미권 이성 친구에게 XOXO라는 문자 받아본 적 있나요? XX와 같은 문자는요? 요상한 암호같이 생긴 이 문자에는 어떤 의미가 숨겨져 있을까요? 정말 OX 퀴즈라도 내는 걸까요? 미국에서는 서로 좋아하는 사람끼리 로맨틱한 감정을 표현하기 위해 이런 문자들을 씁니다. 바로 포옹과 뽀뽀라는 뜻이거든요. X는 두 사람이 만나서 뽀뽀하는 모양이고 O는 동그랗게 포옹하는 모양이니까요! 주로 메신저에서 많이 쓰고 가끔 아주 친한 친구끼리 쓸 수도 있어요. 남자끼리는 거의 안 쓰는 것 같지만요. 제 친구는 이성 친구에게 XXXXXX 문자를 받고 대화를 거절하는 뜻인 줄 알고 오해했다고 하더라고요. 이제 여러분은 이런 문자에 더 진하게 답장해볼 수 있겠네요!

● **X**

쪽

● **XXXXX**

쪽쪽쪽쪽쪽

★ X의 개수는 쪽 소리의 개수를 의미해요.

● **XOXO**

뽀뽀 포옹 뽀뽀 포옹

● **Good night! XXXX**

잘 자요! 쪽쪽쪽쪽

● **Sweet dreams! XOXO**

좋은 꿈 꿔! 뽀뽀 포옹 뽀뽀 포옹

▶ YouTube TALK

구독자 코멘트

OOOO라고만 써도 되나요?

👍 👎

 포옹하는 걸 아주 좋아하시나 봐요! 네! XOXO보다 덜 흔하지만 이런 식으로 쓰는 것도 가능합니다. 여러 서양권 나라에서는 놀다가 집에 갈 시간이 되면 실제로 포옹이나 뽀뽀로 인사하기도 해요. 그래서 이 포옹 문자도 아주 친한 친구나 마음에 드는 사람과 문자 대화가 끝날 때 자연스럽게 쓸 수 있답니다. 그런데 저는 이 문자를 쓸 때 대문자를 더 선호합니다. 포옹할 때는 가급적 팔을 크게 벌려 안으면 더 따뜻한 사랑을 느낄 수 있으니까요!

034 Dickies가 고추들이라는 뜻이라고?!

K **Hey, Richard! Look what I got yesterday!**

야, 리처드! 어제 쇼핑한 것 좀 봐!

A **Oh, cool! Where did you get that shirt?**

와, 멋지네! 어디서 산 셔츠야?

K **Dickies!!**

디키즈!!

A **Haha. I like that brand too.**

하하. 나도 그 브랜드 좋아하는데.

K 잉. 왜 의미심장하게 웃는 거지? 혹시 디키즈에 다른 뜻이 있나?

'올리버쌤, 디키즈 옷 입었는데 미국에서 유학한 친구가 야한 뜻이라는데 그런가요?', '디키즈 옷을 미국에서 입고 다니면 좀 이상하게 볼까요?' 가끔 학생들에게 이런 엉뚱한 질문을 받을 때가 있어요. dick을 사전에서 검색해봤더니 첫 번째 뜻으로 '놈', 두 번째로 '음경'이라고 나오긴 하네요! 하지만 꼭 그런 뜻으로 해석하지 않아도 돼요. 사전에는 안 나오지만 Dick은 사람 이름으로 쓰기도 하거든요. 사실 남자의 성기를 부르는 여러 가지 영어 표현이 있는데, 사람의 이름을 딴 경우가 많아요. 그중 하나가 Dick이랍니다. Dickies 브랜드를 입을 때 혹시 누가 '야한 뜻 옷 입었대요!'라고 놀리면 이렇게 받아쳐주세요. '정말 남자 성기를 복수형으로 쓰려고 했다면 Dickies 대신 Dicks라고 했을 거거든? 이 바보야!'

★ Richard를 줄여서 Rich, Rick 혹은 Dick이라고 불러요.

▬ EXPRESSIONS 이렇게 말해보세요 ▬▬▬▬▬▬▬

● **I like to wear Dickies pants.**

난 디키즈 바지 입는 거 좋아해.

● **How can I get to Dick's Sporting Goods?**

딕네 스포츠 용품점에 어떻게 가죠?

● ***Dick Tracy* was a famous comic strip.**

〈딕 트레이시〉는 아주 인기 많은 만화였어.

● **Dick came to my party.**

딕이 파티에 왔어.

● **I can't find Dick.**

딕을 못 찾겠어.

▶ YouTube TALK

구독자 코멘트
흔히 쓰는 다른 영어 이름의 줄임말 버전도 알려주세요!
👍 👎

➡️ Christopher(크리스토퍼)를 Chris(크리스)로 줄이는 건 너무 쉬우니까 좀 더 어려운 예들을 알려드릴게요!

● Edward(에드워드)　　　　　➡️ Ted(테드)
　　　　　　　　　　★ t가 어디에서 나타난 걸까요? 신기하죠?

────────────────────────────

● Margaret(마거릿)　　　　　➡️ Peggy(페기)
　　　　　　　　　　★ 이것도 좀 이상하죠? p랑 y가 어떻게 생긴 거죠?

────────────────────────────

● Mary(메리)　　　　　　　　➡️ Polly(폴리)
　　　　　　　　　　　　　　★ 하나도 안 비슷하죠?

────────────────────────────

● Elizabeth(엘리자베스)　　　➡️ Buffy(버피)
　　　　　　　　　　★ 이것도 그냥 완전히 다른 이름 같네요!

035 지퍼 열렸을 때 미국인이 쓰는 은어

A **Hey Minsu! How's it going?**

민수야, 오늘 기분 어때?

K **Great! I'm going on a date tonight!**

좋아. 나 오늘 밤에 데이트 있어.

A **Hey. Do you have a license to sell hotdogs?**

▶ **이해:** 야. 너 핫도그 파는 자격증이라도 있어?

K 엥? 핫도그 자격증? 무슨 소리야! 나 데이트하러 간다! **Bye!**

A **Hey! Wait! Oh no!!**

야, 기다려! 큰일 났네!!

친구 바지 지퍼가 열린 것을 보면 '남대문 열렸다' 하고 알려주시죠? 저도 이 표현을 미리 알았으면 좋았을 텐데요! 제가 학교에서 학생들을 가르칠 때 가끔 실수로 지퍼가 열린 채 수업에 들어갔거든요. 학생들이 '남대문 열렸어요'라고 말해주었지만 그 뜻을 못 알아듣고 헤헤 웃기만 했어요. 그래서 지퍼가 열린 채 수업을 진행한 적이 몇 번 있었죠. 맞아요, 끔찍한 흑역사입니다. 저와 같은 일을 겪지 않으려면, 영어 표현을 알아두는 게 좋겠죠? 여러분의 미국인 친구가 Do you have a license to sell hotdogs?와 같은 은밀한 표현으로 신호를 줄 때 바로 알아듣고 큰 사고(?)를 수습해야 할 테니까요. 잠깐! 왜 여기서 핫도그가 나오냐고요? 네… 조금 노력해보시면 금방 이해하실 수 있을 거예요. 😊 참고로 이 표현은 남자에게만 쓴답니다!

● **Your fly is open.**

너 지퍼 열렸다.

★ 가장 직접적이고 성별 상관없이 쓸 수 있는 표현입니다.

● **Do you have a license to sell hotdogs?**

너 핫도그 파는 자격증이라도 있어?

★ 남자한테만 쓸 수 있는 표현입니다.

● **XYZ⋯.**

지퍼 확인해봐.

★ Examine your zipper의 줄임말입니다.

● **Are you afraid of heights? Your zipper is⋯.**

너 고소공포증 있냐? 너 지퍼가⋯.

★ 지퍼 올리라는 말 돌려서 하기

▶ YouTube TALK

구독자 코멘트
우리나라에서는 '고추'라는 표현을 쓰는데 미국에서는 '핫도그'라고 하는군요!
👍 👎

  아이고… 네… 참 비슷한 개념이네요. 아마 모양 때문에 그런 것 같아요. 그런데 미국인들은 매운 고추보다 핫도그를 더 자주 먹어서 그런지 핫도그를 선호하는 상징으로 사용하는 것 같아요. 참… 😊 뭐라고 해야 할지 모르겠네요. 자꾸 땀이 나네요. 왜 그럴까요….😅
아, 혹시나 해서 하는 말인데 크기 때문일 거라고 오해하지 마세요! 사실 핫도그도 크기가 아주 다양하니까요. 하긴 신기하게도 멕시코에서도 '고추'라고 하더라고요. 아마 한국 음식처럼 멕시코 음식도 고추를 사용한 매운 음식이 많아서 그런 것 같아요. 매운 음식을 먹는 나라끼리 통하는 걸까요?

036 '중요 부위'는 영어로 important part일까?

K Hey, you're late today.

야, 너 오늘 늦었네.

A Sorry. It's so hot today!

미안. 그런데 오늘 너무 덥다!

K 뭐야! 내 앞에서 옷을 훌러덩 벗으면 어떡해?
I don't want to see your important part!

▶ **의도:** 네 중요 부위 보고 싶지 않아!

A What?

뭐?

 ★ 여러분 몸에서 중요한 부분을 뭐라고 부르죠? 중요한 부위라서 '중요 부위'라고 하죠? 정말 적절한 표현 같아요. 직접적으로 언급하지 않아도 그렇게 말하면 다 이해하니까요! 그런데 영어로는 뭐라고 해야 할까요? 그대로 번역해서 important parts라고 하면 될까요? 사실 영어로는 private parts, 즉 '사적인 부위'라고 합니다. 아마 모든 사람들에게 공공연하게 보여주는 부위가 아니니까 그렇게 부르는 것 같아요. 딱 꼬집어서 직접 그 부위를 언급하고 싶지 않을 때 private parts라고 해보세요. 여러분의 소중한 눈을 보호할 때 혹은 불미스러운 일이 생겨서 경찰에 신고해야 할 때 등등 요긴하게 쓰일 거예요.

● **The police arrested the man for showing his** <u>private parts</u>**.**

중요 부위를 노출한 남자를 경찰이 체포했어요.

● **She kicked his** <u>private parts</u> **and ran away.**

그 여자가 그놈 중요 부위를 걷어차고 달아났대.

● **Here. Cover your** <u>private parts</u> **with this towel!**

여기! 수건으로 네 중요 부위 좀 가려!

● **I don't want to see your** <u>private parts</u>**. Put your pants back on!**

네 중요 부위 안 보고 싶어. 다시 바지 입어라!

YouTube TALK

구독자 코멘트

미드에서 I don't want to see your junk라고 나오
던데, junk라면 쓰레기 아닌가요?

👍 👎

 올리버쌤 아이고! 어떤 미드를 보셨는지 참 궁금하네요. junk라고 하
면 나에게 필요하지 않은 물건 혹은 쓰레기라는 뜻이 맞아요. 그런데 꼭
그런 뜻뿐만 아니라 상황에 따라 다른 뜻이 될 수도 있어요. 남성의 중요
부위를 부르는 다소 저속한 속어로도 쓰거든요. 아마 한국말로 가장 비
슷한 단어는 '물건' 혹은 '거시기'일 것 같아요. 뉴스나 기사에서는 보기
힘든 말이고, 좀 진지하고 엄숙한 상황에서 junk라고 하면 상대방이 무
례하다고 생각할 수 있으니까 조심해서 쓰세요.

037 '너 약 잘못 먹었니?' 미국인도 이런 표현 쓸까?

A Hey! What does a house wear?

야! 집이 입는 옷을 뭐라고 하게?

K 몰라. 뭔데?

A A dress! Hahahahahahah!!

드레스!! 하하하하!!

★ address(주소)와 발음이 같음

K 왜 이상한 농담을 하고 그래? Did you take the wrong medicine?

▶ **의도:** 약 잘못 먹었냐?

A What medicine? I don't take medicine···.

무슨 약? 나 약 안 먹는데···.

친구가 헛소리할 때나 개드립 칠 때, 장난으로 '야, 너 약 잘못 먹었냐?', '약 먹을 시간 지났지?'라는 농담 많이 하시죠? 저는 특히 이런 표현들을 학교 다닐 때 학생들에게 많이 들었던 것 같네요. 그런데 이런 재미있는 표현을 영어로 어떻게 말할 수 있을까요? 직역하면 Did you take your medicine?이지만 아마 이렇게 말하면 상대방이 그 뜻을 제대로 파악하지 못하고 머리를 긁을지도 몰라요. 사실은 진짜 약을 잘못 먹었는지 걱정하는 것이 아니라 '너 좀 이상하다'를 표현하고 싶은 거잖아요? 그럴 때는 조금 더 수위를 높여서 이렇게 말해보세요!

● **Are you on drugs?**

너 약 했니?

● **Are you high?**

너 (약에) 취했어?

● **What are you smoking?**

너 뭐 빨았냐?

● **What are you on?**

무슨 약 했냐?

● **Did you take your medicine today?**

너 오늘 약 챙겨 먹었어?

YouTube TALK

 구독자 코멘트

What were you guys smoking when you came up with that?(무슨 마약을 했길래 이런 생각을 했어?)도 같은 의미로 쓸 수 있나요?

올리버쌤 네! 상대방의 말이나 행동을 너무 이해하기 힘들 때 이런 말을 쓸 수 있어요. '너 도대체 무슨 마약을 했길래 이런 생각을 했어?!'라는 뜻이죠. 여기서 나오는 smoking은 무조건 담배를 의미하지 않아요. 물론 담배도 몸에 안 좋긴 하지만 머리까지 이상하게 만들지는 않잖아요. 그래서 여기서는 '어떤 종류의 마약'이라고 이해하셔야 해요. 마약은 보통 머리를 이상하게 만들고 이상한 행동을 하게 만드니까요.

- What were you smoking when you said that?
  그 말 할 때 뭐 피웠어?

- What was he smoking when he came up with that idea?
  그 아이디어 떠올렸을 때 그 녀석 뭐 피우고 있었대?

- What was she smoking when she told you that?
  그분이 그렇게 말했을 때 뭐 피우고 있었대?

- I don't know what he's smoking.
  걔 대체 뭐 피우고 사는지 모르겠다.

038 '존맛' '존잼' '존멋' 느낌 살려서 말하기

A What did you have for dinner?

저녁으로 뭐 먹었어?

K Mario's Pasta!

마리오네 파스타!

A I've heard that place is good.

거기 맛있다고 듣긴 했는데.

K 응! 맞아. 완전 존맛탱!! It's John good! John delicious!

A John Good? Who is that?? Wait. Aren't we talking about Mario's Pasta?

존 굿이라고? 그게 누군데? 잠깐. 방금 마리오네서 먹었다고 하지 않았어?

친구들과 수다 떨 때 혹시 '존멋', '존잘', '존귀', '존웃'과 같은 표현을 많이 쓰시나요? 이런 재미있고 익살스러운 표현이 영어로도 가능할까요? 번역기에서 검색하면 John taste라고 나오지만, 아마 미스터 번역기 씨가 너무 착하다 보니 비속어를 잘못 읽어낸 것 같네요. 미국에서는 10대들이 f***ing이라는 비속어를 줄여서 effing이라고 한답니다. 알파벳 f와 ing를 합쳐서 발음하는 거라고 이해하시면 돼요. 한국어에서 '존'이라는 표현이 광범위하게 쓰이는 것처럼 이 영어 비속어도 아주 다양하게 사용할 수 있답니다. 느낌이나 사용법까지 정말 닮았죠? 따라서 당연히 공식적인 자리에서는 피하는 게 좋겠습니다. 참고로 저같이 착하고 소심한 아저씨는 이런 표현 잘 안 쓰지만, 알아두시면 미국인과 대화할 때 도움이 될 거예요.

● **That was effing awesome.**

그거 존멋이었어!

● **That movie was effing awesome!**

그 영화 존잼이었어!

● **Their chicken wings are effing spicy!**

그 치킨 윙 존맵!

● **That was effing amazing.**

그거 존멋이었어!

● **This thing is effin cute! Can I take it home?**

이거 존귀! 집에 가져가도 돼?

★ effing을 effin으로 줄일 수 있어요.

● **Their pizza is effin good!**

거기 피자 존맛임.

▶ YouTube TALK

구독자 코멘트
fricking과 effing에는 어떤 차이가 있나요?
👍 👎

[올리버쌤] 일단 fricking(혹은 frickin)은 f**cking보다 freaking에 더 가까워서 비교적 덜 경박한 느낌이 들어요. 반면 effing은 f**cking의 완곡한 표현이긴 하지만 어떤 사람들은 이 표현을 들었을 때 더 불편해할 수 있어요. 강도를 비교할 수 있게 예문 몇 개 보여드릴게요.

- Are you <u>freaking</u> kidding me? (강도 중) 너 %% 농담하는 거지?
  → Are you <u>effing</u> kidding me? (강도 중강) 너 ## 농담하는 거지?

- Close the <u>fricking</u> door. (강도 중) 그 문 좀 %% 닫아라.
  → Close the <u>effing</u> door. (강도 중강) 그 문 좀 ## 닫아라.

- That steak was <u>frickin</u> delicious. (강도 중) 그 스테이크 %% 맛있었어.
  → That steak was <u>effing</u> delicious. (강도 중강) 그 스테이크 ## 맛있었어.

- I don't have a <u>frickin</u> clue! (강도 중) 나 %% 하나도 몰라.
  → I don't have an <u>effin</u> clue! (강도 중강) 나 ## 하나도 몰라.

★ 욕설을 기호로 대체했어요. %%자리에 '신발',
##자리에 '18'을 넣으면 유추할 수 있어요.

039 '욕하지 마!' 우습지 않게 제대로 말하기

A Jongmin! You're my best friend.
종민아! 넌 내 절친이야!

K 아이고, 감동이네! 너도 내 절친이야!

A (서투른 한국말로) 맞차. 너는 진짜 가… 족 같아!

K 뭐? 방금 너 욕한 것 같은데? Don't curse me!

▶ **의도:** 욕하지 마!

어떤 언어든지 강세에 따라 어떤 말이 완전히 다른 의미로 들릴 때가 있잖아요? 한국에 온 지 얼마 안 됐을 때 '가족 같아'라고 말하면서 이상하게 강세를 줘서 욕처럼 말했던 기억이 나네요. 친밀감을 표현하려던 게 욕이 되어 튀어나왔으니 듣는 한국인 친구는 얼마나 황당했을까요? 다행히 지금은 강세와 발음에 문제없이 잘 말한답니다. 아무튼, 상대방이 나에게 욕할 때를 대비해서 '욕하지 마세요' 한마디 정도는 할 줄 알아야겠죠? 영어로 욕설은 swear word, curse word, cuss word라고 합니다. 성경에서 유래된 표현인데요, 맹세의 말, 저주의 말처럼 들리지만 욕설이라는 의미랍니다!

● **Don't** <u>curse at</u> **me.**

저한테 욕하지 마세요.

★ 미국인에게 말할 때는 꼭 at을 붙이세요.
Don't curse me라고 하면 '저주하지 마세요'로 들리거든요!

● **Did you just** <u>swear at</u> **me?**

방금 저한테 욕하셨어요?

● **Stop** <u>swearing</u> **in front of the children.**

애들 앞에서 욕하지 마세요.

● **I got in trouble for** <u>cursing at</u> **the teacher.**

선생님한테 욕하다가 혼났어.

● **Why are you** <u>cursing at</u> **me?**

왜 저한테 욕하시는 거예요?

▶ YouTube TALK

올리버쌤 the만 빼면 이 표현도 괜찮습니다! 기억을 되살려보니 보통 bad word라는 표현은 어린 시절에 쓴 것 같아요. 유치원 다닐 때 어떤 학생이 욕을 하면, 그걸 들은 다른 학생이 선생님에게 쪼르르 가서 She said a bad word(쟤가 나쁜 말 했어요)라고 이르곤 했거든요. bad words라는 표현이 살짝 유치하게 느껴지는 분들을 위해 더 고급스러운 단어 하나 알려드릴게요. bad words 대신 profanity(비속어)라고 하는 거예요.

- Don't use profanity at school.
  학교에서 비속어 쓰지 마.

- He's always using profanity.
  걔 항상 비속어 써.

- Does that movie have profanity in it?
  그 영화에 비속어 나와?

- Stop using so much profanity!
  비속어 좀 그만 써라!

- The student got in trouble for using profanity.
  그 학생은 비속어 쓰다가 문제가 생겼죠.

040 What the hell은 욕일까, 아닐까?

K **Oh! Professor Davis!**

앗! 데이비스 교수님!

A **Oh, hi there. Long time no see Hyeok chan!**

안녕. 혁찬이 오랜만이구나.

K **네! How the hell have you been?**

▶ **의도:** 그동안 정말 어떻게 지내셨어요?

A **Excuse me?**

뭐?

사전에서 hell을 검색하니 '지옥', What the hell을 검색하니 '알게 뭐야'라는 뜻이 나오네요. 그러니까 hell을 쓰면 욕일까요, 아닐까요? 엄밀히 말해 hell은 어느 정도 욕이라고 할 수 있습니다. 강도가 아주 센 욕은 아니지만요. f나 sh로 시작하는 욕보다 약하죠. 성적이거나 더러운 용변이 아닌 종교적인 표현이라서 그런가 봐요. 많은 분들이 '그냥 지옥이라는 뜻의 명사인데 왜 욕이 되죠?'라고 궁금해하실 것 같은데요, 사실 욕은 언어적인 의미보다 사회적인 의미로 만들어지는 경우가 많아요. 한국의 욕도 생각해보면 사회적으로 만들어진 게 많잖아요? 미국은 기독교 문화권이고, 성경과 관련된 말에 예민한 사람이 많다 보니까 사회적으로 hell도 욕처럼 인식된 것 같아요. (물론 이 단어를 아무렇지 않게 쓰는 사람도 굉장히 많지만요.) 그래서 공공장소에서나 학교 선생님, 처음 보는 사람, 나이드신 분 앞에서 쓰는 건 삼가야 해요. 그래도 정 쓰고 싶으면 이렇게 순화해볼 수 있어요.

EXPRESSIONS 이렇게 말해보세요

● **What the heck!**

신발, 이게 뭐야?

● **What the heck was that?**

신발, 아까 도대체 뭐였어?

● **Hey. How the heck are ya?**

안녕! 신발, 잘 지냈나?

● **I ran like heck.**

나 겁나게 뛰었어.

● **Why the heck did you do that?**

신발, 그거 대체 왜 한 거야?

● **How the heck are you?**

신발, 잘 지냈어?

▶ YouTube TALK

구독자 코멘트
**bloody hell이라는 말도 가끔 쓰던데, 이건 무슨 뜻인
가요?**
👍 👎

 올리버쌤 bloody hell은 영국식 비속어입니다. bloody로 hell을 강조
해서 좀 강한 욕이라고 이해하시면 돼요. 그래서 어디서나 편하게 쓰긴
어렵죠. 이 표현을 오랜만에 보니까 고등학교 시절 영국 출신의 축구 선
생님이 생각나네요. 제가 축구를 너무 못해서, 패스에 실패하거나 공을
따라잡지 못할 때마다 선생님이 아주 큰 목소리로 Bloody hell! Kick the
bloody ball!이라고 말씀하시곤 했어요. 물론 학생에게 아주 심한 욕을
한 셈이지만, 미국인인 저에겐 그 욕이 너무 생소하게 들려서 기분이 나
쁘진 않았고 자꾸 웃음만 났어요. 😁

⭐ QUIZ 퀴즈

001 이 사람은 내 여자친구 제니야.

002 나 왔어.

003 좋은 꿈 꿰! 뽀뽀 포옹 뽀뽀 포옹

004 난 디키즈 바지 입는 거 좋아해.

005 너 지퍼 열렸다.

006 수건으로 네 중요 부위 좀 가려!

007 너 약 했니?

008 그 영화 존잼이었어!

009 저한테 욕하지 마세요.

010 신발, 잘 지냈냐?

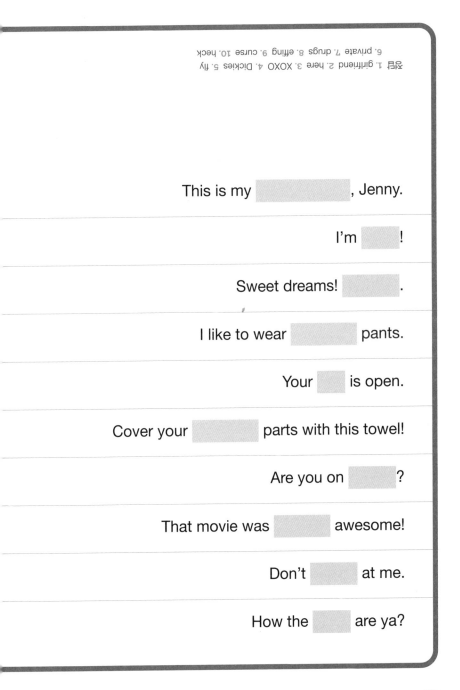

This is my ▢▢▢▢▢▢ , Jenny.

I'm ▢▢ !

Sweet dreams! ▢▢▢▢ .

I like to wear ▢▢▢ pants.

Your ▢▢ is open.

Cover your ▢▢▢ parts with this towel!

Are you on ▢▢ ?

That movie was ▢▢▢ awesome!

Don't ▢▢ at me.

How the ▢▢ are ya?

155

올리버쌤의
영어공부팁
❹

유튜브 채널 구독자들이

가장 많이 하는 질문에 대한

올리버쌤의 답변

Q_____

영국식 영어와 미국식 영어 중 뭘 배워야 할까요?

A_____

'영어는 사실 영국 거잖아요? 그래서 '영'어잖아요. 영국식 영어를 배우는 게 좋지 않

을까요?' 한국에서 오랫동안 영어를 가르치면서, 그리고 유튜브를 통해 아주 많은 학

생들을 만나면서 이런 질문을 많이 받았어요. 심지어 어떤 영어를 배워야 하는지 심각

하게 고민을 털어놓는 메시지도 있었어요. 글쎄요, 영어의 뿌리가 영국인 것은 맞지만,

그런 이유로 영국 영어가 미국 영어보다 더 순수하고 좋다고 할 수 있는 걸까요?

영국 영어가 더 순수한 영어인가?

만약 한국어를 배우려는 어떤 미국인이 '나는 외래어가 없는 북한의 한국어가 더 순수

하다고 생각하니까 그것만 배워야 한다고 생각해!'라고 한다면 여러분은 뭐라고 하시

겠어요? 영어가 영국에서 유래하지 않았다고 주장하는 언어학자는 한 명도 없을 것 같

아요. 영국에서 온 것은 사실이니까요. 하지만 영국 영어가 순수한 혹은 오리지널 영어

156

라고 주장하는 건 잘못된 생각일 수 있어요. 언어는 한곳에 고여 있는 것이 아니거든요. 생물이 환경에 따라 항상 변화하는 것처럼 언어도 마찬가지로 변화하고 진화해요. 새로운 어휘가 생겨나는 만큼 사라지는 어휘도 많아서 과거의 언어는 사람들이 이해하기 어려워집니다. 언어학자를 제외하고는, 현대의 미국인이나 영국인 중에는 아마 고대 영어를 이해하는 사람이 잘 없을 거예요. 그래서 현대 영어의 순수함을 따지는 것은 어쩌면 무의미한 논쟁이 될 수도 있는 것이죠.

영국 영어와 미국 영어의 가장 큰 차이점은 무엇일까?

영국 영어와 미국 영어의 차이는 역사와 지리적인 이유로 생겨났어요. 가장 뚜렷한 차이는 바로 발음일 거예요. 유튜브에서 '미국 vs 영국 발음 차이'를 검색하면 가장 대표적인 단어로 bottle(병)을 발견할 수 있어요. 두 발음을 들어보면 실제로 신기한 차이를 느낄 수 있죠. o 소리도 다르고, t를 처리하기 위해 혀가 입천장을 치는 소리도 다르죠. 발음뿐만 아니라 스펠링도 가끔 달라요. 원래는 미국 영어가 영국 영어의 스펠링을 100% 그대로 가져와서 사용했지만, 노아 웹스터(Noah Webster)라는 학자가 사전을 만들면서 논리적이지 않은 스펠링을 많이 수정했어요. 대표적인 예로 불어에서 영향을 받은 colour 같은 단어를 color로 공식적으로 바꿨지요. 그래서 US English spell checker(미국 영어 맞춤법 확인기)를 사용하면, 가끔 영국식 스펠링이 틀렸다고 나오는 것을 볼 수 있어요.

영국인과 미국인이 대화할 때 소통에 문제가 있을까?

영국 영어와 미국 영어는 발음 그리고 가끔 단어까지 다른데 어떻게 서로 알아들을 수 있을까요? 대답은 먼 곳에서 찾지 않아도 돼요. 바로 한국에서도 그 답을 찾을 수 있거든요. 서울말과 경상도 사투리는 서로 다르죠? 억양도 다르고 가끔 어휘도 달라요. (제 귀에 서울말은 부드러운 멜로디로 들리고 경상도 사투리는 그보다 강하게 들려서 더 자신감이 넘치는 느낌이 들어요.) 하지만 서로 문제없이 알아들을 수 있잖아요. 영국인과 미국인도 같은 상황에 놓여 있다고 생각하면 됩니다. 그래서 영국인이 bottle(병)을 발음하기 위해 o와 t 소리를 강하게 내서 '보오틀'이라고 해도, '여보쇼, 발음 틀렸잖아요'라고 지적하는 미국인은 아무도 없어요. 보통은 서로를 존중하면서 We say it like ___ in the UK/US라고 대화하곤 합니다. 발음과 억양이 달라서 오해가 생기더라도, 양쪽 모두 영어를 모국어로 쓰기 때문에 쉽게 오해를 푸는 편이죠.

그렇다면 어떤 영어를 배워야 할까?

결론적으로 어느 한쪽이 우월하다고 할 수 없다고 생각해요. 하지만 상황에 따라 한쪽의 영어가 더 유용할 수는 있을 것 같아요. 예를 들어서 여러분이 영국에서 유학하고 싶다는 뚜렷한 목표가 있다면, 저는 영국식 영어에 집중하라고 추천할 거예요. 유학 가기 전에 미국 드라마보다는 영국 드라마를 자주 보고, 아침마다 BBC 뉴스를 들으면 큰 도움이 되겠죠. 특별한 목적 없이 그냥 영어를 잘하고 싶은 거라면 둘 다 괜찮다고 말씀드리고 싶어요. 영국 영어를 배워서 미국에서 써도 되고, 미국 영어를 배워서 영국에서 사용해도 아무 문제가 없으니까요. 사실 영국 영어를 미국에서 쓰면 많은 사람들이 흥미를 갖기 때문에 더 좋을 수도 있겠네요! 그걸로 아주 재미있는 대화의 포문이 열릴 수도 있으니까요.

우리말 어감을 살려주는
영어 표현들

041 '설마' 너 폰 잃어버린 거야?

K 오! 영화 시간 다 됐다! 가자! Let's go!

A **Hey! Wait!**
야! 잠깐만!

K 왜 그래? **What's wrong?**

A **Where did I put my movie ticket?**
내가 영화 티켓 어디다 뒀더라?

K **You··· lost your ticket··· no way?**
▶ **의도:** 설마 티켓 잃어버린 거야?

★ '설마'를 영어로 뭐라고 할까요? No way라고요? 맞아요! 그럼 좀 더 긴 문장을 만들어서 '설마 영화 표 잃어버렸어?'와 같은 문장은 어떻게 말할까요? 아이고! No way를 사용해서 말하려고니까 왠지 어려워지죠? 사실 '설마'라는 표현은 예상되는 상황이 있는데, 그 상황을 원하지 않고 부정하고 싶을 때 주로 사용하잖아요. 그래서 Don't tell me라는 표현을 사용해서 말해볼 수도 있어요. 예상되는 현실을 부정하고만 싶은 느낌을 잘 살린 표현이라고 할 수 있어요.

- **Don't tell me you can't come in to work today.**

  설마 오늘 출근 못 한다는 건 아니겠지.

  ★ **직역:** 출근 못 한다고 말하지 말아줘.

- **Don't tell me you lost your phone.**

  설마 너 폰 잃어버린 거 아니겠지.

  ★ **직역:** 폰 잃어버렸다고 말하지 마.

- **Don't tell me you're going to be late again.**

  설마 또 늦는다는 건 아니겠지!

  ★ **직역:** 또 늦는다고 하지 말아줘!

- **Don't tell me you forgot about our date tonight!**

  설마 오늘 밤 데이트 깜빡한 건 아니겠지!

  ★ **직역:** 오늘 밤 데이트 깜빡했다고 말하지 말아줘!

▶ YouTube TALK

구독자 코멘트

기쁜 소식이나 깜짝 놀랄 때도 '설마'라는 표현을 쓰잖아요. 그럴 땐 어떻게 말해요? 예를 들어 '설마 너 복권 당첨된 거야?' 같은 말요.

👍 👎

올리버쌤 이 경우는 예상되는 상황을 부정하고 싶은 게 아니잖아요. 설마 친구의 로또 당첨 소식을 부정하고 거부하고 싶은 건 아니겠죠? 같이 기뻐해줘야 진짜 친구니까요! 그래서 저라면 No way!라고 하겠어요. '설마 너 복권에 당첨된 거야?'라고 말하고 싶다면 You won the lottery? No way!라고 할 수 있겠네요. No way는 부정 상황이든 긍정 상황이든 모두 사용 가능하다는 점 참고하세요. 아 참, 추가로 You gotta be kidding me!라는 표현도 기억해뒀다가 사용해보세요. 문자 그대로 '농담하는 거지?'라는 뜻보다는 '믿기 힘들다!', '신기하다!'라는 의미로 쓰여요. 억양으로 감정을 잘 표현해야 한다는 점 잊지 마시고요!

- You won the lottery? No way!
  너 복권에 당첨된 거야? 설마!

- You got a perfect score? You gotta be kidding me!
  네가 만점 받았다고? 설마!

042 '그동안' 쇼핑이나 하자

K What time does the movie start?

영화 언제 시작하지?

A At 8 o'clock!

8시에!

K 오, 30분 남았네. 그동안 팝콘 좀 살까? Let's get some popcorn during that time!

▶ **의도:** 그동안 우리 팝콘 좀 사자!

 ★ '너 요리하는 중이야? 그럼 난 그동안 청소할게!', '요리가 다 되려면 10분 남았네! 그동안 설거지나 하자!'와 같이 평소에 '그동안'이라는 말 많이 쓰죠? 이 말을 영어로 할 때 많은 분들이 during that time이라고 말씀하시더라고요. 솔직히 아주 틀린 말은 아니고, 그렇게 말했을 때 미국인도 잘 알아들을 거예요. 하지만 '그동안'을 직역한 것처럼 들리는 살짝 아쉬운 표현이에요. 많은 미국인들은 보통 이런 경우에 in the meantime이라고 말하거든요. in the meantime은 '예상하는 일이 일어나기 전의 기간'을 뜻합니다.

● **The movie starts in two hours. In the meantime, let's go shopping.**

영화 두 시간 뒤에 시작하네. 그동안 쇼핑이나 하자.

● **I need to finish my homework first. In the meantime, why don't you watch TV?**

나 숙제 먼저 끝내야 해. 그동안 넌 TV 보는 게 어때?

● **She's going to be here in five minutes. Let's make some tea in the meantime.**

그 친구 5분 뒤에 도착한대. 그동안 차 만들고 있자.

● **The bus will be here in an hour. In the meantime, let's get some snacks.**

버스가 한 시간 뒤에 올 거야. 그동안 우리 간식이나 먹자.

● **I have to do some chores. In the meantime, why don't you play with my cat?**

나 집안일 좀 해야 해서. 그동안 너는 고양이랑 좀 놀고 있을래?

 **YouTube TALK**

구독자 코멘트
meanwhile도 똑같이 사용할 수 있나요?
👍 👎

 올리버쌤 느낌이 비슷해 보이지만 살짝 달라요. in the meantime은 A와 B 사이의 시간을 뜻하거든요. 그러니까 A 상황이 B 상황이 될 때까지의 사이 시간을 말해요. 문장으로 풀어서 설명해볼게요.

- The movie starts in an hour. <u>In the meantime</u>, let's eat ice cream.
  영화는 한 시간 뒤에 시작해. 그동안 아이스크림 먹자.

  ★ 아직 영화가 시작하지 않은 A 상황 동안
  아이스크림을 먹는 B 상황을 하자는 뜻이에요.

meanwhile의 문법적인 기능은 부사예요. 그리고 meanwhile은 두 상황이 '동시에' 일어나고 있을 때 사용해요. 이것도 문장으로 풀어서 설명해볼게요.

- Carl is at work. <u>Meanwhile</u>, his wife is taking swimming lessons at the lake.
  칼은 직장에 있다. 그동안 (칼이 직장에 있는 그 시간에) 그의 아내는 호수에서 수영 수업을 받고 있다.

A Hey, man! What are you up to?

야! 뭐 하냐?

K I'm going to order some Korean snacks from Korea.

한국에서 한국 과자 좀 주문하려고.

A For real? I bet shipping will take a while!

진짜? 배송 꽤 오래 걸리겠다!

K 아냐! 요즘 진짜 빨라! 빠르면 일주일 안에 와! In a week fast!

A Fast?

K 아… 이게 아닌가? In a week quick?

▶ **의도:** 빠르면 일주일 안에?

'빠르면 이번 주 안에 도착한대' 혹은 '늦어도 저녁식사 전에는 올게요' 같은 표현은 어떻게 할 수 있을까요? 간단해 보이지만 많은 분들이 이 말을 영어로 표현할 때 애를 먹어요. '빠르다'의 경우 대부분 fast, quick 같은 표현을 떠올리지만, 이 표현들은 주로 빠른 속도나 행동을 묘사할 때 써야 더 적절합니다. 따라서 시간에 대해서 말할 땐 어울리지 않죠. '빠르면'이라는 표현을 풀어서 이해하면 '시간상 가장 이른 때'라는 뜻이잖아요? 그래서 그냥 at the earliest라고 하면 된답니다. 반대로 '늦어도'라는 표현은 '시간상 가장 늦은 때'라는 뜻이므로 at the latest라고 하면 됩니다. 간단하죠?!

● **I'll be there in two hours** at the earliest.

빠르면 2시간 안에 도착할 거야.

● **It'll be 2 weeks** at the earliest.

빠르면 2주일일 거야.

● **The package will be here by Friday** at the earliest.

소포가 빠르면 금요일 안에 도착할 거야.

● **I'll be back by 10 o'clock** at the latest.

늦어도 10시쯤에는 돌아올 것 같아.

● **Your delivery should arrive by Tuesday** at the latest.

네 소포 늦어도 화요일에는 도착할 거야.

● **I'll drop off my kids by noon** at the latest.

우리 애들 늦어도 12시까지는 데려갈게요.

YouTube TALK

구독자 코멘트

'아무리 빨라도 다음 주 화요일은 돼야 올걸?' 이런 말은 어떻게 해야 할까요?

👍 👎

올리버쌤   어떤 택배를 기다리고 계신가요? 맛있는 쿠키 세트? 아니면 예쁜 옷? 저는 한국 식료품을 주문할 때 가장 가슴이 두근거려요. 특히 고추장 같은 물건을 시켰을 때 배송이 생각보다 오래 걸리면 정말 슬플 거예요. 그런데 이런 표현을 할 때 굳이 너무 어렵게 생각하지 마세요. '아무리 빨라도'는 no matter how fast…로 표현하시면 됩니다. 예문으로 보여드릴게요.

- It won't be here by Friday <u>no matter how fast</u> it gets shipped.
  아무리 빨리 배송돼도 금요일까지는 오기 어려울 거예요.

- The package won't be here by Monday <u>no matter how fast</u> they deliver it.
  그 소포 아무리 빨라도 월요일까지는 못 올 것 같아요.

- I doubt they'll arrive by 1 o'clock <u>no matter how fast</u> they drive.
  걔네 아무리 빨리 운전해도 1시까지 도착하긴 어려울 것 같은데.

- I don't think I'll get my package by Saturday <u>no matter how fast</u> it gets delivered.
  그 소포 아무리 빨리 배송돼도 토요일까지는 못 받아볼 것 같아.

044 '아직 멀었어?'

(미국인 친구 운전 중)

K 아, 언제 도착하는 거야… Is it far?

▶ **의도:** 아직 멀었어?

A **What?**

뭐?

K 아니, 거기 멀었냐고! Still far? Far yet?

▶ **의도:** 아직 멀어? 아직 한참이야?

A **Far? Is what far?**

멀어? 뭐가 머냐는 거야?

K 으휴! 왜 이렇게 못 알아듣지?

여러분은 아주 멀리 운전해서 여행하는 거 좋아하세요? 10시간이 넘는 장거리 비행은요? 아이고, 비행기에 오래 앉아 있으면 허리 아프고 답답해서 싫다고요? 텍사스에 자주 놀러 오시려면 장거리 여행을 좋아하셔야 할 텐데요! 아무튼, 오랫동안 차나 비행기에 앉아 있다 보면 답답해져서 '아직 멀었어?' 하고 재촉하게 되잖아요. 이런 말을 영어로는 뭐라고 할 수 있을까요? 보통 '멀었다'를 생각하고 far를 떠올리지만, 미국인들은 그냥 Are we there yet? 이라고 합니다. We are there(우리는 거기에 있다)에 yet(아직)을 붙여서 '우리 거기에 아직 안 있어?', '아직 도착 안 한 거야?' 즉, '아직 멀었어?'가 되는 거예요. 멀리 여행을 갈 때 여러분의 답답함을 잘 표현할 수 있도록 자연스러운 표현을 알려드릴게요!

● **Are we there yet?**

아직 멀었어요?

● **Are they here yet?**

그 사람들 아직 멀었나?

● **Are we there yet? I'm hungry!**

우리 아직 멀었어? 배고픈데!

● **We've been driving forever. Are we there yet?**

우리 운전한 지 꽤 오래됐잖아. 아직 멀었나?

● **We've been in the car for an hour! Are we there yet?**

한 시간이나 차에 있었는데! 아직 멀었어?

▶ YouTube TALK

구독자 코멘트

버스정류장에서 버스를 기다릴 때 '한참 기다렸는데, 버스 아직 멀었나?' 하고 말하려면 어떤 표현이 좋을까요? We have been waiting forever, are we there yet? 아니면 Is the bus there yet? 둘 다 좀 어색한 거 같네요. 알려주세요!

👍 👎

올리버쌤 We have been waiting forever 부분은 잘하셨어요. 하지만 그 뒤 문장 are we there yet?은 살짝 어색해요. 이 말을 할 때 어디로 이동하고 있지는 않잖아요. 그러면 이 표현을 쓸 수 없답니다. 그리고 Is the bus there yet?이라고 하면 '저쪽에 버스 아직 안 도착했나?'처럼 들려서 이 상황에 맞지 않아요. 내가 기다리고 있는 버스 정류장을 말하려고 Is the bus here yet?이라고 하는 것도 이상해요. 어차피 도착하면 내 눈으로 잘 볼 수 있을 테니까요. 제가 이 상황에 있다면 답답한 마음을 이렇게 말할 것 같아요.

- **Why isn't the bus here yet?**
  왜 버스가 아직도 안 오지?

045 '길면' 30분 걸릴 거야

A Hey! Where are you?
야! 너 어디야?

K I'm still at work… I still have a lot to do.
나 아직 회사야… 아직 할 게 남았어.

A How long will it take?
얼마나 더 걸릴 것 같은데?

K 음… 아마 길면 한 시간? 1 hour at length!

어떤 일이 얼마나 걸리는지 설명할 때 '그거 길면 한 시간쯤 걸릴 거야', '최대 30분 안에는 끝나'처럼 말할 때가 많죠? 실생활에서 자주 쓰는 이 유용한 표현을 영어로는 뭐라고 할까요? 사전에서 검색하면 at length가 나와요. 하지만 이 표현은 '오랫동안'이라는 뜻으로, '길면'이나 '최대'랑은 전혀 상관없어요. 이런 의미의 한국어와 가장 근접하고 확실한 표현은 at the longest입니다. 다양한 상황에서 사용할 수 있도록 예문을 정리해볼게요.

길면

● **The test should take 30 minutes at the longest.**

그 시험 길면 30분 걸릴 거야.

● **The operation will probably take 3 hours at the longest.**

그 수술 길면 아마 3시간 정도 걸릴 것 같아.

● **The drive should take about 10 hours at the longest.**

길면 아마 운전해서 10시간 걸릴 거야.

최대

● **It'll take an hour at the most.**

최대 한 시간쯤 걸릴 거예요.

● **It'll take a week at the most for your package to arrive.**

소포가 도착하려면 최대 일주일 걸릴 거예요.

YouTube TALK

> **구독자 코멘트**
> 반대로 '최소한'이나 '짧으면'은 at the shortest라고
> 하나요?
> 👍 👎

 올리버쌤 문법적으로는 괜찮아 보이지만 좀 더 원어민이 자주 쓰는
표현을 알아두면 좋을 것 같아요. 상황에 따라서 at least 혹은 at the
earliest라고 하는 게 더 자연스럽답니다. 두 표현이 들어간 문장들 모두
알려드릴게요.

- It'll take <u>at least</u> an hour.
  짧아도 한 시간은 걸릴 거야.

- It won't be ready for <u>at least</u> another month.
  준비하는데 짧아도 한 달은 걸릴 거야.
  ★ '최소한'이라는 뜻이지만, 이 경우에는 '짧아도'라는 의미로 쓸 수 있어요.

- I won't arrive until 5 <u>at the earliest</u>.
  일러도 5시 안에는 도착 못 할 거야.

- You won't be able to see her until Monday <u>at the earliest</u>.
  일러도 월요일까지 그녀를 못 볼 거야.

046 '듣자 하니' 취소된 것 같아

K   Jake. Do you have plans this
    Saturday?

제이크. 토요일에 약속 있어?

A   Yeah. I'm going to go to a lake. Do
    you want to come with me?

응. 호수가려고. 너도 같이 갈래?

K   호수? 토요일에 비 온다고 들었는데… As I listen…
    It will rain!

▶ 의도: 내가 듣기로는… 비 온대!

A   …What? Listen to what?

뭐? 뭘 듣는데?

 ★ 직접 본 게 아니라 누구한테 들은 이야기를 할 때 '듣자 하니~', '이
거 들은 얘긴데~'라고 하죠? 이걸 영어로 뭐라고 할까요? '듣다'라
는 말을 살려서 listen이라는 단어를 써야 할 것 같지만, 미국인들
은 apparently라는 표현을 많이 사용합니다. 많은 분들이 형용사
apparent를 '명백한'으로 알고 있어서 apparently를 '명백하게'라
고 해석하는데요, 사실 apparently는 명백하다는 뜻과는 거리가 멉
니다. 간접적으로 알게 됐거나 정황상 알게 된 정보를 말할 때, '듣자
하니', '보아 하니'처럼 쓰는 표현이거든요. 앞으로 여러분도 확실하
지 않지만 들은 이야기를 전할 때 listen 대신 apparently를 떠올려
보세요.

● **Apparently, it's going to rain this afternoon.**

들어보니까 오후에 비 온대.

● **Apparently, my teacher is sick today.**

듣자 하니 오늘 선생님이 아프시다는데.

● **Apparently, my parents had an argument while I was outside.**

보니까 내가 나간 사이에 부모님이 싸운 것 같아요.

● **I thought he was sick today, but apparently he's fine.**

걔 오늘 아픈 줄 알았는데, 듣자 하니 괜찮대.

● **I was going to go to a concert, but apparently it got cancelled.**

콘서트 가려고 했는데 듣자 하니 취소된 것 같아.

▶ YouTube TALK

구독자 코멘트

그러면 내가 봐서 확실한 얘기를 할 때는 뭐라고 해요?

👍 👎

> (올리버쌤) 좋은 질문입니다! 예를 들어서 하늘을 보니 엄청난 먹구름이 몰려오고 있어서 틀림없이 비가 올 것 같을 땐 apparently 대신 obviously라고 하면 좋을 것 같아요. 이 표현을 어떻게 쓰는지 예문으로 보여드릴게요.

- Obviously it's going to rain.
  딱 보니까 비올 것 같다.

- Obviously they are in love.
  딱 보니까 둘이 사랑하네.

- They obviously know each other very well.
  딱 봐도 둘이 엄청 잘 아는 사이 같은데.

- She obviously hasn't finished reading the book.
  걔 딱 봐도 그 책 다 읽지 않은 것 같던데.

047 '한마디로' 말해줄래?

A   Hey, Junsu. What's wrong?

야, 준수. 무슨 일 있어?

K   Oh hey. I had a bad day at school today.

아, 안녕. 오늘 학교에서 안 좋은 일이 있었어.

A   Oh what happened?

무슨 일인데?

K   아, 좀 말하기 긴데. In a word, I got an F.

▶ **의도:** 한마디로, F 받았어.

A   In a word…?

뭔가 길고 어려운 설명을 짧게 할 때 '한마디로~'라는 표현 자주 쓰시죠? 영어로 이야기할 때도 짧게 줄여서 핵심만 말해야 하는 경우가 종종 있는데요, 이때 '한마디로'를 in a word로 쓰는 분들이 많아요. 사전에도 그렇게 나오고요. 그런데 이렇게 말하면 상대방이 이해하기 어려울 수 있어요. 오래된 말이라서 실생활에서 자주 쓰지 않거든요. 여러분이 사극체를 평소에 안 쓰는 것처럼요. 대신 미국인들이 in a nutshell이라는 표현을 즐겨 쓰는 걸 들을 수 있는데요, 딱딱한 견과류 속에 알맹이만 꺼내달라는 의미로 이렇게 쓴답니다. 원활한 소통을 위해 여러분도 in a nutshell이라는 표현을 사용해보세요!

● **Can you tell me what happened in a nutshell?**

무슨 일인지 한마디로 말해줄래?

● **In a nutshell, he got fired.**

한마디로 걔 잘렸어.

● **In a nutshell, they are getting a divorce.**

한마디로 걔네들 이혼할 거야.

● **That's what happened in a nutshell.**

한마디로 그래서 그런 거지.

● **I'll try to explain it in a nutshell.**

한마디로 설명해볼게.

● **It's too complicated to tell you in a nutshell.**

한마디로 설명하기엔 너무 복잡한데.

▶ YouTube TALK

구독자 코멘트
미드나 영화에서 long story short이라는 표현도 종종 보이던데, 이것도 괜찮은가요?

👍 👎

 올리버쌤 네! 그 표현도 아주 좋습니다! 좀 복잡하고 긴 얘기를 한마디로 쉽게 말해줄 때 long story short을 써요. 회화에서 자주 들을 수 있는데 사실 long story short는 to make a long story short의 줄인 말이에요. 어떻게 자연스럽게 사용할 수 있는지 예문으로 보여드릴게요.

- Long story short, I'm moving overseas.
  더 복잡한 설명도 있지만 짧게 말해서 나 해외로 이사 갈 거야.

- Anyway, long story short, I'm broke and need a job.
  아무튼, 한마디로 나는 돈이 없고 일자리가 필요해.

- They met at the library and long story short, they're getting married soon.
  짧게 말하면 둘이 도서관에서 만났는데 곧 결혼할 거야.

- To make a long story short, I have to quit my job.
  한마디로 나는 일을 그만둬야 돼.

- To make a long story short, I'm selling my house and moving to California.
  한마디로 나는 집을 팔고 캘리포니아로 이사 갈 거야.

048 '오랜만에' 방 청소했어

A What do you feel like eating for lunch?

점심으로 뭐 당겨?

K Hmmm···. How about burgers?

음··· 버거 어때?

A Sounds good! Do you eat burgers often?

좋아! 너 버거 자주 먹어?

K 아니. 엄마가 자주 안 사 줘. I ate a burger for a long time!!

▶ **의도:** 버거 오랜만에 먹는 거야!!

A For a long time···?

거의 대부분의 한국 사람들이 '오랜만에'를 영어로 말할 때 어려워하거나 틀려요. 실제로 사전을 검색해봤더니 after a long time이라고 나오더라고요. 그래서 그런지 많은 분들이 말할 때나 메시지보낼 때 after a long time을 사용하는 것 같아요. 하지만 이 표현은 매우 부자연스러워서 실제로 사용하지 않는 게 좋아요. 사실 원어민들은 아주 다양한 방법으로 '오랜만에'를 말하는데요, 예를 들어 관계대명사를 사용해서 I ate a burger which I hadn't done in a long time(난 오랫동안 먹지 않았던 햄버거를 먹었다)과 같은 문장으로 말해볼 수도 있겠어요. 하지만 일상적으로 쓰기엔 살짝 학구적으로 들릴 수 있어서 제가 아주 쉽지만 캐주얼한 표현을 더 알려드릴게요!

● **I had a burger** for the first time in a long time.

나 오랜만에 햄버거 먹었어.

★ for the first time 처음 + in a long time 오랜 시간 안
= 오랜만이라는 의미가 살아요.

● **My brother smiled** for the first time in a long time.

내 동생이 오랜만에 미소 짓더라.

● **I cleaned my room** for the first time in a while.

나 엄청 오랜만에 방 청소했어.

● **I worked out** for the first time in a while.

나 오랜만에 운동했어.

YouTube TALK

구독자 코멘트

영화 〈겨울왕국〉 삽입곡 가사에 for the first time forever라는 표현이 나오는데요, 우리 말로 '태어나서 처음으로'라고 번역하더라고요. 이렇게도 쓰나요?

👍 👎

올리버쌤 미국에서 in forever는 '오랜만에'라는 의미를 가진 숙어예요. 그래서 자연스럽게 '태어나서 처음으로'라고 번역한 것 같네요. 사실 시간의 길이를 따지고 들면 in a long time(긴 시간)보다 forever(영원히)가 훨씬 길잖아요. 그래서 '오랜만에'를 아주 강조할 때 이 표현을 쓰는 거예요. '영원한 시간 안에서 처음으로'라니 논리적으로는 말이 안 되지만, 아주 긴 시간을 강조하는 시적 허용 또는 언어유희라고 이해하면 될 것 같아요.

- It's been a long time. = It's been forever.
  그거 정말 오래됐네.

- It's been a long time since we last saw each other.
  = It's been forever since we last saw each other.
  우리 서로 안 본 지 정말 오래됐네.

- You took a long time! = You took forever!
  너 정말 오래 걸렸네!

049 네가 '점점 좋아져'

A Minjun! You're listening to classical music?

민준아! 너 클래식 음악 들어?

K 앗, 뭐라고? 이어폰 끼고 있어서 못 들었어.

A Wow! I thought you hated classical music.

와! 너 클래식 싫어하는 줄 알았는데.

K 맞아. 그런데 음… I'm getting to like it!

▶ **의도:** 점점 좋아져.

A Getting to like it?

 ★ 여러분, '~를 좋아하다'를 영어로 뭐라고 하죠? 간단히 like를 사용하면 되겠죠? 예를 들면… I like Oliver's video! 아이고! 저를 예문으로 드니까 쑥스럽네요. 아무튼 '점점 좋아지다'라고 할 때는 어떻게 말할까요? 쉬운 문장인데 은근히 힘들죠? 뭔가 점차적으로 되는 거니까 be getting을 쓸 거라고 생각하는 분들이 많은 것 같아요. 하지만 be starting to를 써야 자연스럽습니다. start라고 하니까 '그건 뭔가를 시작하는 거 아닌가요?'라고 궁금해하는 분도 계실 것 같은데, start를 진행형으로 쓰면 점점 올라가는 상승 그래프와 같은 느낌을 준답니다. 그러니까 I'm starting to like~라고 하면 뭔가가 점점 좋아진다는 의미가 생기는 거죠.

● **I'm starting to like it!**

이게 점점 좋아진다.

● **I'm starting to like you.**

네가 점점 좋아져.

● **I'm actually starting to like this TV show.**

사실 그 TV 쇼가 점점 좋아져.

● **Believe it or not, I'm actually starting to like spicy food.**

믿기 힘들겠지만 나 사실 매운 게 점점 좋아져.

● **I'm starting to like this museum.**

나 이 미술관이 점점 좋아져.

▶ YouTube TALK

구독자 코멘트
grow on에도 '점점 좋아지다'라는 뜻이 있더라고요?
👍 👎

（몰리버쌤） 네! '점점 좋아지다'라는 의미로 grow on me도 사용할 수 있어요. 한국말로 직역하면 '내 안에서 자라다'라고 해야 할까요? 마치 마음속에서 정이 새싹처럼 싹트는 듯이 들려서 재미있는 표현인 것 같아요. 이 표현도 뒤에 TV 쇼나 장소 같은 명사를 붙여서 써볼 수 있어요.

- I didn't like this song at first, but it's <u>starting to grow on me</u>.
  그 노래 처음에 싫었는데, 점점 좋아지네.

- I hated my new phone at first, but it's really <u>growing on me</u>.
  내 핸드폰 처음엔 싫었는데, 진짜 점점 좋아져.

- This movie theater is <u>starting to grow on me</u>.
  이 영화관 점점 좋아지네.

- Do you think it might <u>grow on you</u>?
  이거 점점 좋아질 것 같아?

050 '치느님은 항상 옳다'

K   아, 오늘 치킨 당기는데. How about fried chicken?

프라이드 치킨 어때?

A   Oh! You like fried chicken?

오! 너 프라이드 치킨 좋아해?

K   당연하지! Chicken is always right!

▶ **의도:** 치느님은 항상 옳잖아!

A   What? What do you mean by that? Oh look! A coupon for a pizza. Let's use it!

뭐? 그게 무슨 소리야? 오! 나 피자 쿠폰 있어. 이거 쓰자!

K   아니, 피자 말고 치킨 시키라고!! 치킨!!!

전 사실 치킨을 딱히 좋아하지 않았어요. 친구가 피자나 치킨 중에서 고르라고 하면 망설임 없이 피자를 찍었죠! 그런데 피자에 대한 제 일편단심은 한국에 도착하자마자 와장창 깨져버렸습니다. 한국에서 처음으로 양념 치킨, 간장 치킨, 파닭, 치즈 치킨 등등을 맛보고 '와, 그동안 나는 우물 안 개구리였구나'라는 것을 통감했죠. 한국에는 정말 맛있는 치킨이 많은 것 같아요. 그래서 '치느님은 항상 옳다!'라는 말에 의심 없이 고개를 끄덕이게 되죠. 그런데 이 말을 영어로는 어떻게 번역할 수 있을까요? '아주아주 맛있다', '맛있을 수밖에 없다', '절대 실패할 리 없다'라는 뜻이잖아요. 물론 Fried chicken is very very very good!(치킨은 아주 맛있어!)이라고 해도 되지만 제대로 느낌을 살리고 싶다면 이렇게 표현해보세요!

● **Nothing can beat fried chicken.**

아무것도 치느님을 맛으로 이길 수 없지.

● **You can't beat fried chicken.**

치킨보다 맛있는 건 없어.

● **You can't go wrong with fried chicken.**

치느님은 실패하지 않아.

● **You can never go wrong with fried chicken.**

치느님은 절대 실패하는 법이 없어.

● **Nothing can beat bulgogi.**

아무것도 불고기를 맛으로 이길 수 없지.

● **You can't go wrong with bulgogi.**

불고기는 실패하지 않아.

★ 다른 음식으로 응용해볼 수 있어요.

YouTube TALK

**저희 엄마는 '엄마 말 좀 들어. 엄마 말이 항상 맞잖아'
라고 하세요. 미국 엄마도 그러나요?**
👍 👎

올리버쌤   오호, 한국 엄마들도 그렇게 말씀하시나 보군요!! 아마 제 생
각엔 세계 어느 나라 엄마든 다 그렇게 말하는 것 같아요. 아주 보편적
인 현상인 것 같습니다. 미국에는 Mother knows best라는 속담이 있고,
디즈니 영화 〈라푼젤〉에도 'Mother knows best'라는 노래가 나와요.
이 속담에는 엄마의 마음에는 사랑과 지혜가 많아서 자식을 어떻게 키
워야 할지 가장 잘 안다는 의미가 들어 있죠. 사실 저는 어릴 때 꽤 말썽
꾸러기였는데요, 말썽을 부릴 때마다 엄마가 이렇게 말씀하셨어요. I'm
your mother(난 네 엄마잖니). Listen to your mother(엄마 말 들어라).
Mother knows best(엄마 말이 항상 맞아).

★ QUIZ 퀴즈

001 설마 너 폰 잃어버린 거 아니겠지.

002 그동안 쇼핑이나 하자.

003 빠르면 2시간 안에 도착할 거야.

004 아직 멀었어요?

005 그 시험 길면 30분 걸릴 거야.

006 듣자 하니 취소된 것 같아.

007 무슨 일인지 한마디로 말해줄래?

008 나 엄청 오랜만에 방 청소했어.

009 네가 점점 좋아져.

010 치느님은 절대 실패하는 법이 없어.

Don't me you lost your phone.

In the , let's go shopping.

I'll be there in two hours at the .

Are we there ?

The test should take 30 minutes at the .

it got cancelled.

Can you tell me what happened in a ?

I cleaned my room for the first time in a .

I'm to like you.

You can never go with fried chicken.

Q_____

실력이 제자리걸음하는 슬럼프에 빠져 있어요

A_____

퍼즐을 맞추기 시작할 때 처음에는 아주 쉽다고 느끼죠. 그런데 점차 그림이 완성될수록, 조각이 얼마 남지 않을수록 더 어렵게 느껴져요. 외국어를 배우다 보면 실력이 늘수록 점점 더 어려워지는 것을 느끼는데, 그것도 이와 비슷한 현상 같아요. 처음에는 알파벳, 인사말 그리고 기본 문장 만들기를 누구나 쉽고 빠르게 배워요. 쉬우니까 자신감이 생기고, 금방 유창하게 말할 수 있겠다는 희망이 생기죠. 그런데 어느 순간 진도가 멈춰버리거나 실력이 더 이상 늘지 않는 슬럼프에 빠져요. 아무리 열심히 해도 늘지 않는 기분이 들어서 자신감이 떨어지고 부정적인 생각을 하기 쉽죠. '나는 여기까지인가 봐', '나는 외국어 체질이 아닌가 봐' 같은 생각 말이에요. 그래서 많은 학습자들이 여기서 벗어나지 못하고 외국어 학습을 중도에 포기해요. 여러분도 혹시 그러나요?

저도 절망을 느낀 적이 있어요

사실 이것은 여러분만의 이야기가 아니에요. 저도 그런 적이 있거든요. 한국어를 처음 배우기 시작했을 때 너무 쉽다고 생각했어요. 일주일 만에 한글 자모를 정복했고, 한 달 만에 인사와 기분 표현을 할 수 있었죠. 빠르게 성장하는 내 한국어 실력을 보면서 자신감도 커졌어요. 금방이라도 한국인처럼 유창하게 말할 수 있겠다 싶었어요. 그런데 중급 문법에 도달하자 큰 장벽을 마주하는 느낌이 들었어요. 문법을 더 열심히 공부하고 단어도 더 많이 외웠지만 더 이상 늘지 않고 제자리걸음하는 기분이었죠. 마치 쳇바퀴를 열심히 돌리는 다람쥐가 된 것만 같았어요. 처음으로 한국어에 대한 자신감이 바닥을 쳤고 포기하고 싶다는 생각을 하게 됐죠.

그러던 어느 날 문법책은 덮어놓고 한국 영화와 드라마를 찾아보기 시작했어요. 원래 TV 보는 것은 시간 낭비라고 생각했지만, 한국 드라마를 일주일 정도 본 뒤 갑자기 이해 못 했던 문법을 이해하게 됐어요. 유레카를 외친 순간이었어요. 전략을 조금 수정했을 뿐인데 엄청난 발전을 이룬 거죠. 이후 한국어 발음에 문제가 생겨서 슬럼프에 빠졌을 때는 인터넷으로 쉐도잉 방법을 알아서서 발음 연습을 시작했어요. 그렇게 한국어 억양과 발음 실력을 많이 늘릴 수 있었답니다. 이후로는 한국어 실력 성장이 멈춰도 패닉에 빠지지 않았어요. 언제나 방법을 찾을 수 있다는 걸 여러 번의 경험으로 잘 알았으니까요.

전략을 계속 조정해보세요

지금껏 저는 한국어를 꾸준히 공부해오면서 열심히 공부해도 실력이 멈추는 순간이 오는 것은 누구나 겪는 정상적인 현상이라는 것을 깨달았어요. 물론 저도 그것이 처음에는 힘들고 괴로운 슬럼프라고 생각했어요. 하지만 긍정적으로 생각해보니 어쩌면 이 슬럼프가 좋은 신호일지도 모른다는 생각이 들었어요. 그 단계에 도달했다는 건 더 높은 단계의 문 앞에 도착했다는 의미니까요. 그 문을 열려면 이전에 항상 쓰던 열쇠(전략) 대신 새로운 열쇠(전략)를 사용해야 해요. 혹시 실력이 제자리걸음을 하는 슬럼프에 빠져 계신가요? 축하드립니다! 새로운 문을 열고 더 높은 단계로 올라갈 수 있는 위치에 도착하셨네요! 항상 하던 공부 방법에서 어떤 것이 부족한지 고민해보고 새로운 전략을 찾아본다면 여러분도 쉽게 그 문을 열 수 있을 거예요.

한국인 대부분이 잘못 알고 쓰는 표현들 ❶

051 '쉬고 싶어'라고 말할 때 쓰는 rest

A I'm going to Disney World today!

나 오늘 디즈니 월드 간다!

K Really? Wow! 완전 재밌겠다!!

A I would have invited you, but I know you have to work today.

너도 초대하고 싶었지만, 너는 오늘 근무인 거 알아서 안 했어.

K 아니 아니, 오늘 나 쉬는 날이야! I'm resting today!

▶ 의도: 나 오늘 쉬어!

A Resting? Oh… okay… Well we can go together next time. Bye!

쉬어? 오… 그래. 그럼 다음에 같이 가자. 안녕!

K 엥? 나 오늘 쉰다니까!

 제 한국인 친구들은 쉰다는 말을 할 때 rest, relax라는 단어를 주로 많이 쓰더라고요. 그래서 일 안 하고 쉬는 날을 말할 때도 간혹 I rest today라고 해요. 그런데 이 단어를 그렇게만 이해하면 좀 부족합니다. rest에는 단순히 쉰다는 뜻만이 아니라 '휴식을 통해 회복하다'라는 의미가 들어 있거든요. 예를 들면 보디빌더들이 운동하지 않고 근육을 쉬게 하며 회복하는 날을 rest day라고 해요. 그래서 미국인 친구에게 I'm resting today라고 하면 아마 침대에 누워 자거나, 따뜻한 욕조 안에서 피로를 푸는 느낌으로 받아들일 거예요. 일 안 하는 날 카페와 맛집을 찾거나 여행 가는 등 재미있는 활동을 하면서 쉬는 거라면 이렇게 표현을 교정해보세요!

● **I want to rest today.**

(X)

➡ **I want to** take the day off**.**

오늘 좀 쉬고 싶다.

● **I rest today.**

(X)

➡ **I'm off** today**.**

나 오늘 쉬어.

★ off 자체로 쉬는 날을 의미해요.

● **Are you resting today?**

(X)

➡ **Are** you off **today?**

오늘 너 쉬냐?

● **When do you rest?**

(X)

➡ **When do you** have off**?**

너 언제 쉬어?

구독자 코멘트

off는 근무와 관련된 느낌이 강한데, 학생이 학교 안 가고 집에서 쉬고 싶을 때는 어떻게 말할 수 있을까요?

👍 👎

(올리버쌤) 맞아요. 가끔 학교 가기가 너무 귀찮고 집에만 있고 싶을 때가 있죠? 한국말에는 '방콕'이라는 재미있는 표현이 있지만, 안타깝게도 원어민에게 이렇게 말하면 태국 여행 가고 싶다는 말로 오해할 가능성이 아주 높아요. 그냥 간단하게 stay home from school이라는 표현을 쓰는 게 가장 안전합니다. 100% 알아들어요.

- I want to stay home from school.
  학교 안 가고 집에서 쉬고 싶다.

- My best friend stayed home from school today.
  내 베프가 오늘 학교 안 오고 집에서 쉰대.

- Will your parents let you stay home from school?
  너네 부모님이 너 학교 안 가고 집에 쉬게 해주셔?

- I can't think of any good excuses to stay home from school today.
  학교 안 가고 집에서 쉴 좋은 핑계가 생각이 안 나!

052 '약속 미루자'라고 말할 때 쓰는 postpone

A Hyejin! Are you ready to go on a road trip tomorrow?

혜진아! 내일 로드트립 떠날 준비됐어?

K 응! 그런데 너 혹시 일기예보 봤어? They say it's going to rain tomorrow.

내일 비 온다고 하던데.

A What? Oh, no! A road trip is never good in rainy weather!

진짜? 안 돼! 비오는 날 로드트립은 최악이란 말이야!

K 음… 그냥 다음 주는 어떨까? Let's postpone it!

▶ **의도:** 약속 미루자!

친구와 놀기로 해서 아주 신났는데, 갑자기 약속을 미루자는 연락을 받으면 누구나 우울해져요. 제 한국인 친구들은 대부분 직장인이라서 그런지 갑자기 생긴 야근 때문에 약속을 미루는 일이 많았어요. 그럴 때 친구들이 Let's postpone our dinner plans와 같이 postpone을 자주 쓰더라고요. 아마 postpone이 중학교 필수 단어다 보니 활발하게 활용하는 것 같아요. 솔직히 틀린 표현은 아니지만 원어민들에게는 좀 딱딱하게 느껴질 수 있어요. '미루다' 보다는 '유보하다'라는 느낌이랄까요? 한국어에 서툰 미국인이 '우리 저녁 약속 유보할까?'라고 해도 충분히 뜻을 이해할 수 있지만 어색하게 느껴지잖아요. 마찬가지 같아요. 앞으로 캐주얼한 상황에서 더 자연스러운 표현을 쓰고 싶다면 이렇게 말해보세요!

● **Let's postpone our dinner plans.**

우리 저녁 약속 유보하자.

➡ **Let's put off our dinner plans.**

우리 저녁 약속 미루자.

● **Would it be alright if we postponed the trip?**

우리 여행 유보해도 될까?

➡ **Would it be alright if we put off the trip?**

우리 여행 미뤄도 될까?

● **Let's just postpone it until tomorrow.**

내일까지 이거 유보하자.

➡ **Let's just put it off until tomorrow.**

내일까지 이거 미루자.

● **Don't postpone until tomorrow what you can do today.**

오늘 할 수 있는 것을 내일로 유보하지 마라.

➡ **Don't put off until tomorrow what you can do today.**

오늘 할 수 있는 것을 내일로 미루지 마라.

▶ YouTube TALK

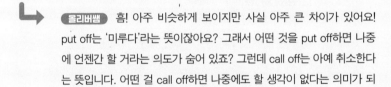

구독자 코멘트
혹시 call off라는 표현이 put off라는 표현이랑 비슷한 가요? 같은 뜻일 것 같은데.
👍 👎

➥ **올리버쌤** 흠! 아주 비슷하게 보이지만 사실 아주 큰 차이가 있어요! put off는 '미루다'라는 뜻이잖아요? 그래서 어떤 것을 put off하면 나중에 언젠가 할 거라는 의도가 숨어 있죠? 그런데 call off는 아예 취소한다는 뜻입니다. 어떤 걸 call off하면 나중에도 할 생각이 없다는 의미가 되죠. 어떻게 사용하는지 예문으로 보여드릴게요.

- Billy and Jade called off the wedding.
  빌리와 제이드가 결혼을 취소했대.

- I called off the party after hearing about the horrible news.
  그 끔찍한 뉴스를 듣고 파티를 취소했어요.

- The politicians called off the meeting.
  정치인들이 미팅을 취소했습니다.

- If it rains, we'll have to call off the trip.
  비가 오면 우리 여행 취소할 거야.

'나 개 키워'라고 말할 때 쓰는 raise

K I raise one Golden Retriever.

▶ **의도:** 저 골든 리트리버 한 마리 키워요.

A Oh, really? Are you a breeder?

아, 그래요? 사육자세요?

K Breeder?

사육자요?

A I bet you make a lot of money breeding.

분양으로 꽤 돈 많이 버시겠네요!

K 어, 돈 벌려고 키우는 거 아닌데? 뭐지?

귀여운 강아지를 키우면 친구에게 마구 자랑하고 싶죠? 그런데 강아지를 키운다고 말할 때 I raise a dog이라고 해도 될까요? 문법적으로 틀린 표현은 아니지만 이렇게 말하면 졸지에 사육자가 되어버릴 수 있습니다. raise는 '성장'의 의미가 강하거든요. 그래서 보통 '부모님이 저를 키웠어요', '나는 텍사스에서 자랐어요'와 같은 말을 할 때 사용하죠. 따라서 이 말을 동물에게 쓰면 '번식' 혹은 '고기의 성장'처럼 들릴 수 있어요. 실제로 양, 소, 닭 농장에 대해 말할 때 이 단어를 주로 쓰기도 하고요. 여러분이 반려동물로 강아지나 고양이를 키우고 있다면 have를 사용해보세요. I have two brothers, and one sister!(저는 남동생 둘이랑 여동생 하나가 있어요) 하고 동생을 묘사하는 것처럼요.

● **Do you raise any pets?**

(X)

➡ **Do you have any pets?**

애완동물 키우세요?

● **I raise a cat.**

(X)

➡ **I have a cat.**

저 고양이 키워요.

● **My mom raises 5 cats.**

(X)

➡ **My mom has 5 cats.**

우리 엄마는 고양이 5마리 키워.

● **I don't raise a dog.**

(X)

➡ **I don't have a dog.**

나 강아지 안 키워.

● **What kind of dog do you raise?**

(X)

➡ **What kind of dog do you have?**

어떤 강아지 키우세요?

▶ YouTube TALK

구독자 코멘트

최근에 강아지 한 마리를 입양해서 키우기 시작했다고 말하고 싶은데, I started having one dog recently 라고 표현하면 될까요?

👍 👎

 started having이라고 하면 뭔가 '가지는 것'이 계속 진행되는 것처럼 들려서 어색합니다. 만약에 차 문제가 자꾸 생기기 시작할 때는 I started having problems with my car라고 할 수 있어요. 문제가 계속 일어나고 있으니까요. 그런데 반려동물을 키우기 위해 입양하는 과정은 딱 한 번 일어나잖아요. 그래서 다른 방법으로 표현하는 게 더 좋을 것 같아요. 가장 간단하고 쉬운 표현은 I got a dog recently입니다. 그리고 아마 한 마리를 말하기 위해서 one dog이라고 하신 것 같은데, 영어로는 숫자를 아주 강조하는 것처럼 들려서 어색하게 들려요. 감을 잡을 수 있게 예문으로 패턴을 보여드릴게요!

- Guess what? I got a cat!
  그거 알아? 나 고양이 키우게 됐어!

- My brother got a puppy last weekend.
  내 동생이 지난 주말에 강아지를 입양했어.

- We got an iguana.
  우리 이구아나 키우게 됐어.

- Did you get a new dog?
  너 강아지 한 마리 입양한 거야?

- We just got a new hamster for my sister's birthday.
  여동생 생일 선물로 햄스터 한 마리를 구했어.

054 '너도 먹을래?'라고 말할 때 쓰는 eat, drink

K   I'm going to eat a banana.

바나나 하나 먹어야지.

A   Oh··· That banana smells so ripe.

오··· 바나나 엄청 잘 익은 냄새 나네.

K   너도 배고파? Do you want to eat this too?

▶ **의도:** 너도 바나나 먹을래?

한국 사람들은 맛있는 거 먹을 때 꼭 주위 사람들에게 맛보라고 권하는 것 같아요. 아무리 작은 것이라도요. 학교에서 근무할 때 학생들이 작은 사탕을 친구들과 나눠 먹으려고 쪼개는 걸 보고 놀랐던 기억이 나네요! 아무튼, 한국어로는 상대방에게 먹을 것을 권할 때 '너도 먹어볼래?', '너도 마셔볼래?' 하고 동사를 살려서 말하잖아요. 그래서 꽤 많은 분들이 영어로 말할 때도 eat, drink를 쓰는 것 같아요. 아주 틀린 표현은 아니라서 원어민들이 이해할 수는 있지만 반대로 원어민 친구가 여러분에게 음식을 권할 때는 다르게 말할 거예요. 이미 정황상 문맥을 파악할 수 있기 때문에 꼭 그 동사를 살리지 않는 거죠. 그래서 그냥 '나 바나나 먹을 건데, 원해?', '나 커피마실 건데, 너도 원해?' 하는 식으로 말한답니다.

EXPRESSIONS 이렇게 말해보세요

● **(I'm going to eat some pie.) Would you like some?**

나 파이 먹을 건데, 너도 먹을래?

● **(I'm going to eat some cake.) Do you want some?**

나 케이크 먹을 건데, 너도 먹을래?

● **(I'm going to eat some ice cream.) Want some?**

나 아이스크림 먹을 건데, 너도 먹을래?

● **(I'm going to eat a banana.) Would you like one?**

나 바나나 먹을 건데, 너도 먹을래?

★ 셀 수 있는 명사면 some 대신 one이라고 할 수 있어요.

● **(I'm going to eat a chocolate bar.) Do you want one?**

나 초코바 먹을 건데, 너도 먹을래?

★ 여기 모든 문장에 too는 붙여도 되고 안 붙여도 됩니다!

206

구독자 코멘트

try라는 동사도 많이 쓰는 것 같아요. You wanna try it?은 어떤가요?

👍 👎

올리버쌤 이 표현은 '너도 먹을래?'보다 '먹어볼래?', '맛볼래?'라는 의미에 더 가깝습니다. 그래서 특히 남이 만든 음식을 먹어볼 때 자주 써요. 슈퍼마켓에 가면 가끔 시식 코너가 있잖아요. 미국에도 시식 코너가 있어서 가끔 직원이 작은 쿠키를 내밀며 Try a cookie(쿠키 맛보세요)라고 하는 걸 들을 수 있어요. 아 참, 그리고 그거 아세요? 한국 과일은 미국 과일보다 훨씬 더 달아요! 만약 여러분에게 외국인 친구가 생기면 Have you tried Korean strawberries?(한국 딸기 먹어봤어?)라고 물어보고 배나 딸기를 선물해보세요. 너무나 달고 맛있어서 외국인 친구가 먹자마자 충격받고 한국 과일과 사랑에 푹 빠질 거예요.

055 '다시 자러 가'라고 말할 때 쓰는 Sleep again

A Jiho! Are you still playing games?

지호! 너 아직도 게임하냐?

K Sorry! Did I wake you up?

아, 미안! 나 때문에 깼어?

A Yeah. It's kind of noisy.

응. 좀 시끄럽네.

K Sorry. I'll use my headphones.

미안. 헤드폰 쓸게.

Sleep again.

▶ **의도:** 다시 자러 가.

A Sleep again? Haha… okay. Psh.

다시 뭐? 하하… 그래. 쳇.

K 흠… 내가 깨워서 진짜 기분 안 좋나 보다.

 ★ 새벽에 애인에게 '자기야, 나 잠 깼어…'라고 연락 오면 뭐라고 해야 할까요? 다시 좋은 꿈을 꿀 수 있게 사랑스러운 이야기를 해주고 '다시 자러 가'라고 속삭여줘야겠죠? 그런데 다시 자라는 말을 많은 분들이 Sleep again이라고 하시더라고요. 아마 한국말 '다시 자'를 번역하다 보니 그런 것 같아요. 한국인에게는 익숙하게 들리는 표현이겠지만, 영미권에서는 Go back to sleep이라는 표현을 주로 사용합니다. go back이 들어 있다 보니 침대로 자러 가는 모습을 떠올리기 쉽지만, 침대에서 잠을 깬 사람에게도 쓸 수 있어요. 잠을 뒤척이는 애인이나 친구에게 다음 표현들을 사용해보세요.

— **EXPRESSIONS** 이렇게 말해보세요 ━━━━━━

- **Go back to sleep.**

  다시 자렴.

- **Why are you awake? Go back to sleep.**

  너 왜 깨 있어? 다시 자러 가렴.

- **You can go back to sleep now.**

  이제 다시 자러 가도 돼.

- **You should probably go back to sleep.**

  너 다시 자러 가는 게 좋을 것 같아.

- **She went back to sleep already.**

  걔 벌써 다시 자러 갔어.

▶ YouTube TALK

구독자 코멘트
자다가 중간에 깼을 땐 뭐라고 해요? 이때도 awake나 wake up을 쓸 수 있나요?
👍 👎

➡️ **(올리버쌤)** awake(형용사)는 깨 있는 상태라는 뜻입니다. 그래서 '나 안 자고 있어'라고 말할 때 간단하게 I'm awake라고 할 수 있어요. 잠을 자다가 중간에 깼을 때는 wake up(동사)이라고 합니다. 비슷하게 생겼지만 다른 뜻이니 구분해서 써야 하죠. 예문을 보면 감이 더 잘 잡힐 것 같으니까 비교하면서 여러 문장을 보여드릴게요.

안 자고 있는 상태

- I was <u>awake</u> when you called.
  네가 전화했을 때 나 깨 있었어.

- Are you <u>awake</u>?
  너 깨 있어?

- Why are you <u>awake</u>?
  너 왜 아직 깨 있냐?

자다가 깬 상태

- I <u>woke up</u> when I heard the thunder.
  천둥소리 듣고 깼어.

- I <u>woke up</u> late today.
  나 오늘 늦게 깼어.

056 '이기고 싶다'라고 말할 때 쓰는 win

A I heard you saw my girlfriend at the arcade yesterday.

어제 오락실에서 내 여자친구 만났다며.

K 아, 응! 우연히! 한판 붙었는데 엄청 잘하더라. She won me!

▶ **의도:** 걔가 날 이겼어.

A ⋯She won you?

K 열심히 연습해서 다음엔 내가 꼭 이길 거야! I want to win her!!

▶ **의도:** 내가 이기고 싶어!

A What do you mean? She's MY GIRLFRIEND!!!

무슨 소리야? 걘 내 여.자.친.구.라고!!!

★ 많은 분들이 '그 친구를 이기다', '그 친구를 이기고 싶다!'라고 말할 때 I won him, I want to win her라고 하죠. 하지만 win은 '~에서 이기다'라고 이해하는 게 정확해요. 그래서 I won the game(게임에서 이겼다), I won the election(선거에서 이겼다)과 같이 뒤에 사람이 아닌 경쟁 대상이 와야 자연스럽죠. 또 win은 '따다', '얻다'라는 뜻으로도 쓸 수 있어서 I want to win you라고 하면 원어민이 '아⋯ 내 마음을 얻고 싶나?'라고 이해할 수 있어요. 왜냐하면 '마음을 빼앗다'라는 의미로 to win someone's heart라는 표현을 쓰거든요. 앞으로 경쟁 상대를 이겼다고 말할 땐 win 대신 beat을 사용해보세요!

● **I always beat my brother at basketball.**

농구를 하면 내가 항상 동생을 이겨.

● **I can't believe you beat him!**

헐! 네가 그 친구를 이겼다니!

● **A robot beat me at chess.**

체스 게임에서 로봇이 날 이겼지 뭐야.

● **You'll never beat me. I'm the world champion.**

넌 나를 절대 이길 수 없어. 난 세계 챔피언이니까!

● **She beat every single person at arm wrestling.**

그분이 팔씨름에서 모든 사람을 이겼어.

▶ YouTube TALK

구독자 코멘트

소셜미디어에서 steal someone's heart라는 표현을 봤는데 혹시 win someone's heart랑 비슷해요?

👍 👎

올리버쌤 네! 사실 같은 말입니다. steal(훔치다)이라는 단어 때문에 뭔가 끔찍하게 들리지만 시적이고 재미있는 표현입니다. 한국말로도 '네 마음을 빼앗을 거야', '네 마음을 훔칠 거야'와 같은 표현들을 노랫말이나 시에서 찾아볼 수 있잖아요. 아주 비슷한 표현이라고 생각하시면 돼요. 여러분도 누군가에게 마음을 뺏겨버린 경험 있으세요? 그때의 두근거리는 감정을 떠올리면서 아래 예문을 익혀봅시다!!

- You stole my heart right from the start.
  너를 보자마자 사랑에 빠졌어.

- She stole my heart and we've been together ever since.
  나 그 여자랑 사랑에 빠져서 그때부터 계속 사귀었어.

- I'm going to steal that girl's heart by the end of the night.
  오늘 밤에 나는 그 여자의 마음을 빼앗을 거야.

057 '자니?' 하고 물을 때 쓰는 sleep?

K   아… 전 여친이 너무 보고 싶다. 새벽인데 잠들었을까?
카톡 보내봐야지!

(문자) Sleep?

(다음 날)

K   메시지 확인한 것 같은데 왜 답이 없지? 망했다. 😩

 한국 생활을 시작한 지 얼마 안 된 시절, 어느 날 새벽에 어떤 한국
인 친구에게 메시지를 받았어요. 새벽 2시쯤 카톡 소리를 듣고 눈을
떠보니까 Sleep?이라고 메시지가 와 있더라고요. 비몽사몽한 데다
가 그 메시지의 의미도 이해를 못 해서 대답 없이 그냥 자버렸어요.
그 덕분에 저는 친구한테 답도 잘 안 해주는 매정한 친구로 찍혀버
렸답니다. 뒤늦게 안 사실인데, 그 친구는 '자니?' 하고 물어본 거더
라고요. 여러분도 새벽에 미국인 친구에게 Sleep?이라는 메시지를
날려본 적 있나요? 그런데 이 말은 완전한 문장이 아니라서 미국인
친구가 '자다?'라고 잘못 보낸 것으로 이해할 수 있답니다. 그러니
까 답을 받을 확률도 낮아지겠죠? 앞으로는 이렇게 보내보세요!

● **Are you asleep?**

너 자고 있어?

● **You asleep?**

너 자?

★ 위 문장을 짧게 줄인 버전

● **Are you awake?**

너 깨 있어?

● **You awake?**

깨 있어?

★ 위 문장을 짧게 줄인 버전

● **Are you still up?**

아직 안 자?

● **Are you sleeping?**

자고 있어?

▶ YouTube TALK

구독자 코멘트

왜 a sleep으로 띄어쓰지 않고 asleep으로 붙여 쓰나 요?

👍 👎

 올리버쌤 awake가 '깨 있는 상태'를 표현하는 것처럼, asleep은 '잠 자는 상태'를 표현해요. 그래서 Are you asleep?이라고 하면 '너 자고 있는 상태야?', 즉 '너 자고 있어?'가 되지요.

a sleep이라고 하면 띄어쓰기를 해서 a가 마치 관사처럼 보이고 sleep 은 명사처럼 보입니다. 마치 '하나의 잠'이라고 하는 것처럼요. 그런데 사실 sleep은 셀 수 있는 명사가 아니라서 a sleep이라고 하면 안 되고 some sleep이라고 해야 하죠. 그래서 좀 잠이 필요할 때 I need to get some sleep(나 좀 자야겠다)이라고 하는 거예요. 띄어쓰기 하나로 뜻이 크게 달라지는 게 느껴지나요? 저도 한국어 배울 때 띄어쓰기 때문에 진 짜 힘들었어요! 😄

058 '먼저 갈게'라고 말할 때 쓰는 first

K What are you doing this weekend?

너 주말에 뭐 할 거야?

A Oh! I'm going to see my grandparents.

아! 조부모님 만나러 가려고.

K 와, 진짜? Sounds like fun!

재밌겠다!

A Yeah. Are your grandparents in Korea?

응. 너네 조부모님은 한국에 계셔?

K 아, 응. But… actually my grandfather passed away first.

▶ **의도:** 할아버지가 먼저 돌아가셨어.

A Passed away FIRST? So who was next…?

먼저 돌아가셔? 그럼 다음은 누군데…?

'먼저'를 영어로 말할 때 혹시 first라고 하나요? 한국말로 '먼저'라고 하면 어색하지 않지만 영어로 first라고 하면 어색한 경우가 있어요. 왜냐하면 first의 '첫 번째'라는 뜻 때문에 순서를 따지는 느낌이 강하거든요. 그래서 자연스럽게 다음 순서를 연상시켜요. 예를 들어 '먼저 돌아가셨다' 같은 말을 할 때 first라는 표현을 쓰면 원어민은 '그럼 다음은 누구?'라고 생각하게 돼요. '먼저'라는 표현을 순서와 관계없이 쓸 때 어색해지는 일이 없도록 여러 가지 예문을 익혀둡시다!

● **I'll go home first.**

(X)

➡ **Well, I better go home.**

나 먼저 집에 가볼게.

● **You said you wanted to do this first.**

(X)

➡ **You're the one who wanted to do this.**

네가 먼저 이거 하고 싶다며.

★ 혹은 이 표현도 가능해요. This was your idea. Not mine!!

● **My grandfather died first.**

(X)

➡ **My grandfather passed away.**

할아버지가 돌아가셨어요.

● **I'll go to sleep first.**

(X)

➡ **I'm going to go ahead and go to bed.**

나 먼저 자러 갈래.

▶ YouTube TALK

구독자 코멘트
**돌아가셨다는 예문을 보니 '삼가 고인의 명복을 빕니다'
라는 말을 영어로는 어떻게 하는지 궁금해졌어요!**
👍 👎

 올리버쌤 이런 상황에서 어색하거나 이상한 말을 쓰면 안 되니까 제
대로 된 표현을 꼭 알고 있어야겠네요! 혹시 영화나 할로윈 장식품에서
묘비 본 적 있으세요? 묘비에는 꼭 R.I.P.라고 쓰여 있는데, 그건 Rest In
Peace를 줄인 말이에요. '고인의 영혼이 평화롭게 쉬기를 바랍니다'와
같은 의미로 이해하시면 될 것 같아요. R.I.P를 사용한 좋은 표현들을 몇
개 알려드릴게요.

- **May she** rest in peace.
  그분이 편안하게 쉬시길.

- **May her soul** rest in peace.
  그녀의 영혼이 평안하게 쉬시길.

- **May he** rest in peace.
  그가 편안하게 쉬시길.

- **May his soul** rest in peace.
  그의 영혼이 평안하게 쉬시길.

059 '사용할 수 있다'로 잘못 해석하는 I could use~

K I heard you've been working overtime this week.

너 이번 주에 야근했다고 들었어.

A Yeah··· 3 days in a row.

응··· 3일 연속으로.

I could use a nap···.

▶ **이해:** 낮잠을 이용하고 싶어.

K Use a nap?? 낮잠을 이용하고 싶다고?
매트리스 쓰고 싶다는 건가?

 미국 영화나 드라마를 볼 때 혹시 I could use~ 패턴을 접해본 적 있으세요? 만약 미국인 친구가 I could use a nap이라고 하면 여러분은 어떻게 해석하시겠어요? '나는 낮잠을 이용할 수 있다?' 가끔 제가 이 패턴을 써서 한국인 친구랑 대화하다 보면, 어떨 때는 친구가 이해를 잘 못하는 것 같더라고요. 아마 이 패턴이 생소하다 보니 문자 그대로 해석하는 경우가 많은 것 같아요. 그런데 이 표현은 I need, I want랑 똑같은 의미입니다. I need a nap, I want a nap이 한국말로 '낮잠 자고 싶다', '낮잠 자고파'와 비슷하다면 I could use a nap은 '낮잠 자면 좋겠다'라는 느낌이에요. 뭘 원할 때나 푸념할 때 미국인들이 일상생활에서 정말 많이 쓰는 표현입니다. 이 표현을 잘 알아두면 생활 회화나 영화 감상에 큰 도움이 될 거예요!

- **I** could use **a vacation.**

  휴가 좀 가면 좋겠다.

- **I** could use **a cup of coffee.**

  커피 좀 마시면 좋겠다.

- **I** could use **a nap.**

  낮잠 자면 좋겠다.

- **You** could use **a shower.**

  너 샤워 좀 해야겠다.

- **My car** could use **an oil change.**

  엔진 오일 갈아야겠다.

▶ YouTube TALK

구독자 코멘트

I could use a nap과 I want to take a nap은 느낌이 어떻게 다른가요?

👍 👎

 피곤해서 낮잠을 너무 자고 싶다면 I want to take a nap이라고 할 수 있어요. 이 문장은 '나는 낮잠을 자고 싶다'로 번역됩니다. 아주 직접적인 표현이죠. 그래서 조금 덜 직접적으로 말하고 싶으면 I wish I could take a nap이라고 할 수 있어요. '낮잠을 잘 수 있으면 좋겠어'라고 번역할 수 있고 낮잠을 잘 수 있는 분위기였으면 좋겠다는 소망이 느껴지는 표현입니다. 이것보다 더 간접적인 표현이 바로 I could use a nap이에요. '지금 낮잠을 잘 수 있는 상황이면 참 좋을 텐데'와 같은 느낌이랄까요? 세 표현 모두 원하는 바는 같지만, 그걸 얼마나 간접적으로 표현하느냐의 차이로 이해하시면 됩니다.

060 '사귀다'라는 의미로 쓰는 date with

K Starting today I date with Jenny!

▶ **의도:** 오늘부터 나 제니랑 사귄다!

A You're going on a date with Jenny?

제니랑 데이트한다고?

K 아니, I date with Jenny!

▶ **의도:** 나 제니랑 사귀어.

A Sounds like fun man. What are you going to do on your date?

재밌겠네. 데이트 때 뭐 할 건데?

K 아니, 데이트 말고 사귄다고!! 오늘부터 1일이야!!

사귄다는 말을 영어로 할 때 어떤 표현을 주로 사용하시나요? relationship? 아니면 date? 한국어로는 주로 '~와 사귄다'라고 표현하잖아요. 그래서 그런지 사귄다는 말을 할 때 date에 자연스럽게 부사 with를 붙여서 I date with someone이라고 말하는 분이 많은 것 같아요. 그런데 이렇게 말하면 듣는 미국인 친구가 사귄다는 뜻이 아니라 그냥 데이트한다는 의미로 받아들일 수 있습니다. 원래 영어로 데이트한다고 말할 때 go on a date with someone이라고 하거든요. 미국인 친구가 오해해서 들을 만하죠? 똑같은 단어를 써도 전치사의 사용에 따라서 의미가 아주 달라진답니다! 여러분이 헷갈리지 않도록 표현을 정리해볼게요!

223

● **I went on a date with her.**

나 걔랑 데이트했어.

➡ **I dated her.**

나 걔랑 사귀었어.

● **I can't imagine going on a date with her.**

걔랑 데이트하는 거 상상도 못 하겠다.

➡ **I can't imagine dating her.**

걔랑 사귀는 거 상상도 못 하겠다.

● **Would you ever go on a date with him?**

걔랑 데이트할 수 있어?

➡ **Would you ever date him?**

걔랑 사귈 수 있어?

● **I want to go on a date with her.**

걔랑 데이트하고 싶다.

➡ **I want to date her.**

걔랑 사귀고 싶다.

▶ YouTube TALK

구독자 코멘트

'너랑 사귀고 싶어'는 영어로 뭐라고 해요?

👍 👎

올리버쌤 아이고~!! 세상 어려운 질문이네요! 사실 표현도 중요하지만 상대방과의 로맨틱한 분위기를 만드는 것이 더 중요합니다. 일단 이런 작은 대화로 자연스러운 분위기와 좋은 타이밍을 잡으세요.

- I think we get along really well. 우리 잘 어울리는 것 같아.

- I just can't get enough of you. 너랑 계속 있고 싶어.
  ★ 너에게 빠져버렸다는 느낌입니다.

- I really enjoy spending time with you.
  너랑 시간 보내는 거 너무 즐거워.

이렇게 말했을 때 상대방 반응이 긍정적이면 아래 문장으로 결정타를 날릴 수 있어요. 하지만 분위기가 영 별로면 마음을 접는 게 좋겠습니다.

- I'd be really happy if I could have the chance to date you.
  너랑 사귈 기회를 주면 정말 행복할 거야.

- I think I'd make a great boyfriend/girlfriend.
  너에게 좋은 연인이 될 수 있을 것 같아.

- I think we would make a lovely couple.
  우리 사귀면 정말 잘 어울릴 것 같은데.

한국어로는 보통 '사귀자', '오늘부터 1일 할래?' 등등 직접적으로 말하는 편이잖아요? 하지만 영어로는 아주 간접적으로 표현해요. 아마 상대방이 부담스럽게 느끼지 않도록 노력을 많이 하는 것 같아요.

★ QUIZ 퀴즈

001 나 오늘 쉬어.

002 우리 저녁 약속 미루자.

003 애완동물 키우세요?

004 너도 먹을래?

005 이제 다시 자러 가도 돼.

006 농구를 하면 내가 항상 동생을 이겨.

007 너 자?

008 나 먼저 집에 가볼게.

009 낮잠 자면 좋겠다.

010 개랑 사귀고 싶다.

I'm ▧ today.

Let's ▧ ▧ our dinner plans.

Do you ▧ any pets?

Would you like ▧ ?

You can ▧ ▧ to sleep now.

I always ▧ my brother at basketball.

You ▧ ?

Well, I ▧ go home.

I could ▧ a nap.

I want to ▧ her.

227

Q

올리버쌤은 생각을 영어로 해요, 한국어로 해요?

A

많은 분들이 이런 질문을 하셔서 저도 곰곰이 생각해보게 됐어요. 언제부터 한국말로 생각하기 시작했는지는 기억나지 않지만, 확실한 건 제가 한국에서 한국어를 열심히 공부했을 때였다는 거예요. 한국에 오자마자 저는 열의에 차서 한국어를 아주 열심히 공부했어요. 책을 보고 공부하고 단어장을 보고 외우고, 배운 것을 오래 기억하고 싶어서 머릿속으로 혼자 대화를 시작했죠. 물론 처음에는 간단한 대화로 시작했지만 한국어를 깊게 배울수록 머릿속에서 하는 혼자 대화도 좀 더 복잡해졌어요. 머리가 좀 아프긴 해도 특히 잠자기 전에 머릿속 대화놀이를 하고 나면, 다음 날 그 한국어가 머릿속에 더 또렷이 남아 있는 기분이 들더라고요. 지금은 조금 게을러져서 밤마다 머릿속 대화 훈련을 하진 않지만, 평소에 한국어로 된 뉴스를 읽고 분석하고 한국어로 대본을 쓰다 보니 어쩔 수 없이 매일매일 한국어로 생각하는 것 같아요. 제 생활 언어가 한국어다 보니 자연스러운 현상인 것 같기도 하네요.

모국어가 아닌 외국어로 생각을 하게 되면 자연스럽게 외국어 실력도 좋아지지만 성격에도 변화가 생기는 것 같아요. 제가 한국어로 생각한 이후로 성격도 좀 바뀌었거든요. 한국어 안에는 상대방을 배려하고 존중하는 철학이 녹아 있잖아요. 대표적인 예로는 존댓말과 반말이 있죠. 그래서 한국어로 생각할 때는 영어로 생각할 때보다 더 사려 깊어지고, 상대방의 존재를 더 중요하게 여기게 되는 기분이 들어요. 그래서 아주 예의 바른 젠틀맨이 된 것만 같죠. 게다가 한국어에는 영어에 없는 의성어들이 아주 많잖아요. 그래서 뭘 하든지 더 신나는 기분이 들어요. 예를 들어 요리 같은 평범한 일도 영어로 생각하면서 하는 것보다 훨씬 즐거워요. 보글보글, 지글지글 같은 말로 소리를 생각하고 느낄 수 있으니까요. 영어로는 그런 소리를 만들 수 없기 때문에 절대 경험할 수 없죠. 아마 여러분도 영어를 배우게 되면 저와 같은 새로운 경험을 하게 될 거예요. 그동안 한국어만으로는 해보지 못했던 경험을 영어로 생각하게 되면서 조금씩 얻게 될 테니까요.

어떻게 영어로 생각할 수 있을까?

사실 사람마다 여러 가지 방법이 있을 텐데, 제가 가장 강조하고 싶은 것은 절대로 머릿속에서 번역하기를 하면 안 된다는 거예요. 빨갛고 동그란 과일을 보고 맥락으로 apple이라는 단어를 배우는 방법보다, '사과'라는 단어를 apple로 번역하는 학습 방법에 많은 사람들이 익숙하긴 해요. 가르치기도 쉽고 다량을 한꺼번에 외우기 효과적인 방법이니까요. 하지만 이 방법이 외국어로 생각하기 훈련에는 오히려 장벽이 될 수 있어요. 어떤 말을 하고자 할 때, 먼저 한국어로 떠올린 후 번역을 하고 말하려면 지나치게 오래 걸리기도 하고 뇌도 너무 피곤해지기 때문이에요. 여러분이 영어로 회화 연습을 할 때, 뇌가 쉽게 지치는 이유도 이것 때문일 거예요. 뇌는 영어로 말할 때 한국어로 번역을 거치지 않고 바로 말하고 싶은데, 영어로 생각한 경험이 부족하다 보면 답답함만 쌓이는 게 당연하지 않을까요?

그래서 저는 무엇보다 영어로 생각할 수밖에 없는 환경을 조성하라고 제안하고 싶어요. 먼저 영어로 된 뭔가를 읽어보세요. 뉴스, 책, 커뮤니티 글, 스캔들, 가사 등등 여러분의 취향이나 수준에 맞는 것이라면 뭐든지 좋아요. 영어로 된 것을 읽으면 뇌가 자동으로 영어로 내용을 이해하려고 할 거예요. 그 단계에서 여러분의 뇌가 이해한 것을 한국말로 번역해서 이해하려고 하지 말고, 영어로 이해한 내용 그대로 둬 보세요. 그러면 그 내용을 통해서 느끼는 감정과 생각도 자연스럽게 영어로 이어지거든요. 최종적으로 영어로 이해한 것과 느낌을 영어로 말하거나 써보세요. 쓰는 작업을 하면 외국어로 생각하는 훈련을 자연스럽게 하게 되거든요. 쓰기 훈련이라고 하니까 딱딱하게 들린다고요? 스탠드 켜고 각 잡고 책상 앞에 앉지 않아도 돼요. 인스타그램에 한 줄 감성 글귀를 쓰는 것도 좋고, 친구에게 메신저로 말해보는 것도 좋아요. 레딧이나 페이스북같이 외국인 유저가 많은 커뮤니티의 글을 읽고, 댓글로 한 줄 감상평이나 여러분의 생각을 남기는 것도 좋은 방법이고요. 이렇게 생활 속에서 영어로 읽고 쓰다 보면 어느새 영어로 생각하는 자신을 발견할 수 있을 거예요.

Lesson 7

한국인 대부분이
잘못 알고 쓰는
표현들 ❷

061

미국인에게 안쓰럽게 들리는 date course

K 아… 내일 여자친구랑 어디 가지?

A Hey, what's up?

야, 무슨 일 있나?

K Oh, hey! Could you recommend a good date course?

▶ **의도:** 어, 야! 너 좋은 데이트 코스 좀 추천해줄 수 있어?

A Dating course? You need to study for that? That's kind of sad….

데이트 코스? 그거 공부해야 돼? 참 눈물 나는군….

K 뭐야! 데이트한다는데 뭐가 슬퍼!!

여러분은 어떤 데이트 코스를 좋아하세요? 영화관이나 카페 가기? 아니면 바다로 드라이브 가기? 여러분이 '데이트 코스'라고 할 때 코스는 '동선'을 뜻하죠? 하지만 그 말이 미국인에게는 '수업'으로 들릴 가능성이 큽니다. 번역기에 '데이트 코스'를 치면 a dating course라고 나오긴 하는데요, 미국인은 이 표현을 '애인 사귀는 방법 배우는 강좌'로 이해할 거예요. 그럼 자연스러운 표현은 뭐냐고요? 사실 미국 사람들은 데이트를 할 때 동선을 계획해서 돌아다니기보다는 집에서 편하게 놀거나 즉흥적으로 움직이는 경우가 많아요. 그래서 데이트 코스라는 말은 잘 안 쓴답니다. 이 표현 없이도 의미가 전달될 수 있도록 빈번하게 쓰이는 문장들로 교정해드릴게요!

● **I'll make a date course.**

(X)

➡ **I'll plan our date.**

내가 데이트 코스 짤게.

● **What's your date course?**

(X)

➡ **What are you going to do on your date?**

너네 데이트 코스로 뭐 할 거야?

● **We have a good date course.**

(X)

➡ **We have big plans for our date.**

우리 데이트 코스 잘 짰어.

● **I have some good ideas for a date course.**

(X)

➡ **I have some good ideas for our date.**

나 데이트 코스에 대해 좋은 생각이 있어!

● **Why do I always have to make the date course?**

(X)

➡ **Why do I always have to plan the date?**

왜 항상 내가 데이트 코스를 짜야 해?

▶ YouTube TALK

구독자 코멘트

We have big plans for our date에서 big을 보통 알고 있는 '크다'라는 뜻으로 해석하니 어색하네요. 제가 모르는 새로운 뜻이 있나 봐요?

👍 👎

올리버쌤 big은 꼭 사이즈에 대해서 말할 때만 쓰이는 단어가 아니에요. 보통 big plans라고 하면, 단순하고 일반적인 계획이 아니라 중요하거나 재미있거나 아주 신나는 계획이라는 뜻이랍니다. 그래서 We have big plans for our date라고 하면 절대 밥만 먹고 헤어지는 평범한 데이트가 아니에요. 바닷가에서 맛있는 해산물을 먹고 달빛 아래에서 춤을 추거나, 산장으로 드라이브 가서 캠프파이어를 하고 바비큐를 먹는 등의 멋진 데이트를 말하죠. 데이트가 아닌 다른 경우에도 사용할 수 있어요. 만약 야망 있는 누군가가 I have big plans for my future라고 하면 '나는 아주 대단한 장래 계획이 있어'라는 의미로 이해하시면 됩니다.

234

062 실력 향상을 말할 때 쓰는 upgrade

A Hey! Do you want to go to the PC room with me?

야! 나랑 피시방 갈래?

K No. I need to study English.

아니. 나 영어 공부해야 돼.

A But you're already really good at English!

그렇지만 너 이미 영어 잘하잖아!

K 아니야. 더 해야 돼.
I want to upgrade my English!

▶ **의도:** 나 영어 실력 업그레이드하고 싶어!

A What? Are you like a cyborg or something?

뭐? 너 사이보그야?

많은 분들이 본인의 실력을 말할 때 '업그레이드'라는 표현을 쓰는 것 같아요. '영어 실력 업그레이드하고 싶어', '나 체력 업그레이드해야 해' 등등! 한국어로는 잘 통용되고 문제 되지 않죠? 하지만 영어로도 그렇게 말하면 크게 어색해질 수 있어요. 영어로 upgrade는 주로 컴퓨터 프로그램을 상위 버전으로 다시 깔 때, 핸드폰 소프트웨어를 높은 버전으로 다시 설치할 때 쓰는 말이거든요. 여러분이 사이보그라서 머릿속에 영어를 상위 버전으로 설치하는 것이 아니라면 upgrade라는 표현은 피하는 게 좋겠어요. 앞으로 실력 향상을 말할 때는 improve를 사용해서 말해볼까요? 훨씬 자연스럽답니다!

실력 향상에 대해서 말할 때

- **I want to improve my English.**

  저 영어 실력 향상하고 싶어요.

- **How did you improve your English so much?**

  너 영어 실력 어떻게 그렇게 올린 거야?

상위 버전으로 조정할 때

- **I upgraded my car's engine.**

  차 엔진 업그레이드했어.

- **I really need to upgrade my computer.**

  나 컴퓨터 더 좋은 걸로 바꿔야 돼.

▶ YouTube TALK

구독자 코멘트

여행지에서 호텔 룸을 방 한 개짜리에서 두 개짜리로, 혹은 싼 방에서 비싼 방으로 바꾸거나, 비행기 좌석을 이코노미에서 비즈니스로 변경할 땐 어떻게 말하나요?

👍 👎

 몰리버쌤 이런 경우는 영어로 requesting an upgrade(업그레이드 요청하기)라고 합니다. 용돈을 많이 받아서 주머니 사정이 아주 좋을 때 저도 한번 해보고 싶네요! 비즈니스석에서 라면 먹으면 꿀맛이라는 친구 이야기 들으니까 정말 부럽더라고요. 여러분도 여행 갈 때 호텔 룸이나 비행기 좌석을 업그레이드 하고 싶다면 아래 표현을 참고해보세요.

- Can I upgrade my room selection?
  제 방 업그레이드할 수 있을까요?

- I'd like to upgrade my plane ticket.
  제 비행기 좌석 업그레이드하고 싶어요.

- Are there any upgrades available?
  업그레이드 가능할까요?

- I got upgraded to first class!
  나 퍼스트 클래스로 업그레이드받았다!

- My hotel wouldn't let me upgrade to a nicer suite.
  호텔에서 좋은 방으로 업그레이드해주지 않더라고.

063

Hello는 존댓말, Hi는 반말일까?

K Hello! Nice to meet you. I'm Park Jinsu.

안녕하세요. 반갑습니다. 박진수라고 합니다.

A Hi. I'm Jake. Nice to meet you, too.

▶ 이해: 안녕. 난 제이크. 나도 반가워.

K 헐… Hi? 나한테 반말한 거?

여러분, 영어 인사말로 Hello, Hi 배우시죠? 그런데 꽤 많은 분들이 Hello는 존댓말로 '안녕하세요', Hi는 반말로 '안녕'으로 알고 계시더라고요. 제가 학교에서 근무할 때도 학생들이 이 주제로 싸우는 걸 많이 봤어요. 하지만 Hi는 여러분이 생각하는 것처럼 반말이 아닙니다. 미국에서는 Hi, Hello 둘 다 구별 없이 인사말로 사용해요. 어떤 사람은 Hello가 더 딱딱한 느낌이라고 하긴 하지만, 둘 다 같은 의미로 사용해도 무방합니다. 선생님, 교수님, 사장님, 부장님, 심지어 처음 보는 사람에게도 Hi라고 인사할 수 있어요. 그래서 처음 보는 미국인이 여러분에게 Hi라고 해도 상처받을 필요가 없답니다. 처음 보는 사람에게 확실히 조심해야 하는 인사말은 Hey입니다. Hello, Hi보다 비격식적이고 캐주얼한 표현이라 정말 반말로 '안녕' 하는 느낌이 들거든요. 미국은 한국만큼 위계를 따지지 않기 때문에 이 표현도 경우에 따라 사장님에게도 쓸 수 있긴 하지만요.

━ EXPRESSIONS 이렇게 말해보세요 ━━━━━━━━━━━━━

공손한 인사

● **Hello. I'm Oliver.**

안녕하세요. 전 올리버입니다.

● **Hi. How are you today?**

안녕하세요. 오늘 어떠세요?

★ Hi를 사용해도 뒤에 따라오는 문장과 말투에 따라 공손한 느낌이 듭니다.

비격식적인 인사

● **Hello. What's going on?**

여어, 오늘 좀 어떰?

★ Hello를 사용해도 뒤에 따라오는 문장과 말투에 따라 반말하는 느낌이 듭니다.

● **Hey. What's up?**

야, 뭔 일 있냐?

▶ YouTube TALK

구독자 코멘트
입사 면접을 볼 때 Hi라고 인사해도 되나요?
👍 👎

〔올리버쌤〕 캐주얼한 상황에서는 Hello랑 Hi를 똑같이 써도 문제없어요. 교수님이나 선생님한테 인사하는 상황, 공항에서 처음 만난 사람한테 인사하는 상황들 말이에요. 그런데 입사 면접 같은 분위기에서는 최대한 격식적으로 말하는 게 좋겠죠? 어떤 사람들은 Hi보다 Hello라고 하는 것이 더 격식적으로 들린다고 합니다. 물론 Hi라고 한다고 무조건 면접에 실패하는 건 아니겠지만요. 그래서 저는 면접 분위기가 아주 딱딱해 보이는 경우에는 안전하게 Hello라고 하는 것을 추천해드려요. 두 표현 간에 큰 차이는 없더라도 더 편한 마음으로 면접을 볼 수 있을 테니까요.

064 '나중에'라는 의미로 쓰는 later

K (통화) Hello?

여보세요?

A Hey, Jinho. Are you free this afternoon?

안녕, 진호야. 오늘 오후에 시간 돼?

K 아, 나 지금 취업 박람회 가는 길인데. I'll call you later.

▶ **의도:** 나중에 통화하자.

A Later? Okay!! Haha!!

(몇 시간 뒤) Why didn't you call me back Jinho? I thought we were friends···. 😩

진호야 왜 전화 안 해? 우린 친구인 줄 알았는데···.

⭐ later를 '나중에'라는 뜻으로 알고 계신가요? 아마 See you later(나중에 보자)라는 인사말 때문에 많은 분들이 그렇게 알고 계신 것 같아요. 틀렸다고 할 수는 없지만 특히 상대방과 약속이나 계획을 잡을 때처럼 '시간'에 대해서 말할 때 later는 '나중에'라는 뜻이 아닙니다. 미국인들은 그런 상황에서 보통 later를 '이따가'로 이해하거든요. 그래서 미국인 친구에게 I'll call you later라고 하면 '나중에 통화하자'가 아니라 '이따가 전화할게'라고 이해하고, 무조건 오늘 안에 전화해줄 거라고 생각할 거예요. 잘못 말했다간 미국인 친구가 크게 삐칠 수 있겠죠? 오해 없이 친근하게 표현할 수 있도록 예문을 정리해봤으니 큰 도움이 되기를 바랄게요!

● **I'll stop by to say hi** <u>later</u>.

이따가 들러서 인사할게.

➡ **I'll stop by to say hi** sometime soon.

조만간 들러서 인사할게.

> ★ sometime은 '언젠가'처럼 막연한 미래를 의미하고, soon은 '곧'을 의미해요.
> 그래서 두 단어가 만나면 애매한 시점인 동시에 차갑지 않은 느낌의 '조만간'으로 들린답니다.

● **Let's meet up for a drink** <u>later</u>.

우리 이따가 한잔하자.

➡ **Let's meet up for a drink** <u>sometime soon</u>.

우리 조만간 한잔하자.

● **I'm going to adopt a cat** <u>later</u>.

나 이따가 고양이 한 마리 입양할 거야.

➡ **I'm going to adopt a cat** <u>sometime soon</u>.

나 조만간 고양이 한 마리 입양할 거야.

YouTube TALK

> **구독자 코멘트**
> 친구한테 같이 놀자니까 some other time이라고 하던데, 이것도 조만간인가요?
> 👍 👎

 올리버쌤 미국인 친구에게 Do you want to watch a movie with me?(나랑 영화 같이 볼래?) 하고 물으면 경우에 따라 Sorry, I'm busy. Maybe some other time이라는 대답을 들을 수도 있어요. 이 표현은 착하게 거절하면서 '아마 나중에 보는 게 더 좋을 것 같아'라고 말하는 거예요. sometime soon과는 큰 차이점이 있는데요, 바로 some other time은 애매함이 더 강해서 그 나중에가 언제인지 정확하게 알 수 없다는 거예요. 내일, 다음 주, 심하면 내년일 수도 있죠. 따라서 친구가 여러분의 제안이나 초대에 계속해서 Maybe some other time이라고 대답한다면 안 좋은 신호로 해석하셔도 됩니다. 같이 놀기 싫다는 뜻이니까요. 😩

065 '사람'이라는 의미로 쓰는 human

A Hey! What's up?

야, 무슨 일 있어?

K 방금 창밖을 봤는데 누군가 있어! There is a human at the door!

▶ **의도:** 문 앞에 어떤 사람이 있어!

A What? That's my girlfriend… Did you expect her to be an alien or something?

뭐? 내 여자친구잖아. 내 여자친구가 무슨 외계인이라도 된다고 생각해?

K 응? 외계인?

 여러분 human이 무슨 뜻인가요? 혹시 '사람'이라는 뜻으로 알고 계십니까? 한국에서 지내는 동안 저는 이런 표현을 많이 들었어요. There is a human at the door!, There were a lot of humans! 그런데 이런 말이 원어민에게는 좀 어색하거나 특이하게 들릴 수 있어요. 여러분이 '사람'과 '인간'을 구분해서 말하듯이 영어에서도 마찬가지거든요. 물론 둘 다 비슷한 뜻이긴 한데, '인간'이라고 하면 다른 동물과 구분해서 객관화하는 뉘앙스가 생기잖아요. human이 바로 그런 느낌이랍니다. 그래서 There is a human at the door! 하면 '저기 인간 한 마리가 밖에 있어요!' 이런 식으로 들리게 되죠. 앞으로 어떤 사람에 대해서 말할 때 human 대신 더 자연스러운 표현을 써보세요!

● **There is a <u>human</u> at the door.**
(X)

➡ **There is a <u>person</u> at the door.**
문 밖에 어떤 사람이 있어요.

● **Did you see that <u>human</u>?**
(X)

➡ **Did you see that <u>person</u>?**
그 사람 보셨어요?

● **He is a nice <u>human</u>.**
(X)

➡ **He's a nice <u>person</u>.**
그 사람 착해요.

● **I saw a strange <u>human</u> in the elevator.**
(X)

➡ **I saw a strange <u>person</u> in the elevator.**
엘리베이터에서 이상한 사람 봤어요.

● **There were a lot of <u>humans</u> at the festival.**
(X)

➡ **There were many <u>people</u> at the festival.**
그 축제에 사람 진짜 많았어요.

구독자 코멘트
human과 human being은 어떻게 다른가요?
👍 👎

올리버쌤 human being은 '인간이라는 살아 있는 존재'라고 이해하시면 될 것 같아요. 여기서 being은 '살아 있는 존재'라는 의미를 가지고 있거든요. 그래서 지구 위에 살아 있는 모든 것을 beings라고 할 수 있죠. 아무튼 human, human being 모두 기본적으로 똑같이 쓸 수 있는데요, human being과 달리 human은 명사는 물론 형용사로도 쓸 수 있다는 점에서 살짝 차이가 있습니다.

- Is that alien technology or <u>human</u> technology?
  이거 외계인 기술이야? 아니면 인간의 기술이야?

- The crash was caused by <u>human</u> error.
  그 충돌은 인간의 실수에 의한 것이었어.

★ 위 두 문장에서 human이 형용사로 사용된 것을 볼 수 있어요.

066 '길고양이'라는 의미로 쓰는 street cat

A Hey, Minsu! You're late!
야, 민수! 너 늦었잖아!

K 미안. 오다가 길고양이 봤는데, 너무 배고파 보여서 참치 캔 사 줬어. I saw a street cat.
▶ **의도:** 나 길 고양이 봤어.

A Street cat?

K 응! 길고양이 몰라? Street cat!!!

★ 집에서 키우지 않고 주인 없이 자유롭게 길을 돌아다니며 사는 고양이를 한국말로 뭐라고 부르나요? 옛날에는 '도둑고양이'라고 불렸다고 들었어요. 그런데 요즘은 '길고양이'라는 표현을 주로 쓰는 것 같아요. 개인적으로 도둑고양이보다는 길고양이가 더 귀엽게 들리네요! 아무튼, 길고양이를 영어로 뭐라고 할까요? street cat이라고 할 수 있을 것 같지만, 아마 눈치 없는 미국인 친구는 이해 못 할 가능성이 커요. 보통 노숙자를 말할 때 street person이라고 하니까, street cat이라고 하면 노숙 고양이라고 이해할 것 같기도 하고요. 더 정확하게 묘사하고 싶다면 stray cat 혹은 alley cat이라고 해보세요.

● **There are so many** stray cats **in my neighborhood.**

우리 동네에 길고양이 엄청 많아.

● **I called animal control to come pick up those** stray cats**. They kept digging in my trash.**

길고양이 잡아달라고 동물 센터에 전화했어. 자꾸 쓰레기를 뒤지더라고.

● **My cat got into a fight with a** stray cat**.**

우리 고양이가 길고양이랑 싸웠어.

● **My mom's cat used to be** a stray**. She adopted it.**

저희 엄마 고양이는 원래 길고양이였어요. 엄마가 입양하신 거예요.

● Alley cats **are really tough.**

길고양이는 좀 거칠지.

● **Let's go feed that** alley cat **some tuna!**

우리 길고양이한테 참치 캔 좀 주자!

★ 제가 키우고 있는 고양이 크림은 산속 덤불에서 찾았는데요,
이 경우에는 feral cat(야생에서 온 고양이)이라고 할 수 있어요.

YouTube TALK

> **구독자 코멘트**
> **그렇다면 떠돌이 강아지는 a stray dog?!**
> 👍 👎

 올리버쌤 네! 맞아요! 그렇게 말합니다. stray라는 형용사는 고양이뿐만 아니라 강아지한테도 쓸 수 있거든요. 그런데 이상하게도 다른 애완동물에 대해서 말할 때는 잘 안 써요. stray iguana, stray hamster, stray goldfish라고 하면 상대방이 아마 어이없어할 거예요. 이 동물들한테 애정을 많이 못 느껴서 그런 걸까요? 추가로 alley에 대해서도 궁금해하는 분들이 있을 것 같은데요, 이상하게도 이 형용사는 강아지에게 쓸 수 없답니다. 미국인이 이해하긴 하겠지만, 아주 생소하게 느낄 거예요.

067 '매력 있다'는 의미로 쓰는 attractive

A How was the blind date last night?

그래서 어제 저녁 소개팅 어땠어?

K Well··· It was okay.

음··· 괜찮았어.

A She wasn't your type?

네 취향 아니었나 봐?

K 아주 아름다우셨지만 매력은 못 느꼈어.

She's beautiful, but not attractive.

A What? What's that supposed to mean?

뭐? 무슨 소리를 하는 거야?

K 참 말귀를 못 알아듣네. 매력 없었다고!

Not attractive!!

attractive의 뜻을 '매력 있다'로만 알고 계신가요? 그런데 그렇게만 알고 있으면 대화를 할 때 가끔 어색한 순간이 생길 수 있어요. 이 형용사를 사람에 대해서 쓸 때는 주로 '외모'가 훌륭하다는 뜻으로 쓰거든요. 그래서 누군가가 He's attractive라고 하면 잘생겼다는 뜻으로 이해해야 하고, He's not attractive라고 하면 못생겼다는 뜻으로 해석해야 정확해요. 보통 한국인들은 외모가 특출나지는 않아도 행동이나 분위기가 남다를 때 매력 있다고 하잖아요. 마치 저처럼? 😄 아무튼! 이렇게 성격이 매력적이라고 묘사할 때는 attractive 대신 다른 표현을 사용하는 것이 더 자연스럽습니다.

성격에 매력을 느낄 때

- ## I like his personality.
  그 사람 매력 있는 것 같아.

- ## He's so charming.
  그 친구 매력 있어.

- ## She's a cool person.
  그 사람 매력 있어.

성격에 매력을 못 느낄 때

- ## He has no personality.
  그 사람 매력 없어.

- ## Her personality is really boring.
  그 사람 성격 별로야.

- ## He's not a very interesting person.
  그 사람한테 매력을 못 느끼겠어.

▶ YouTube TALK

구독자 코멘트

헛, 지금껏 나를 소개할 때 '예쁘진 않지만 매력은 있죠'
라고 말하면서 attractive를 썼는데… 공주병이라고 생
각했겠네요. 😔

👍 👎

올리버쌤 아이고, 그런 큰 실수를! 사실 제 한국인 친구 대부분이
attractive의 뜻을 잘못 알고는 비슷한 실수를 잘하더라고요. 하지만 제
눈에는 친구들의 외모와 성격 다 매력적이었기 때문에 바로 수긍했답니
다. 😁 앞으로 공주병이나 왕자병으로 오해받고 싶지 않다면, 본인의 성
격을 매력적으로 어필할 때 이렇게 말해보세요.

- People say my smile is contagious.
  남들이 말하길 제 웃음에 전염성이 있다던데요.

- People say I can really light up a room.
  남들이 말하길 제가 참 밝다고 하더라고요.

- I always do my best to make people laugh.
  저는 항상 사람들을 웃게 만들죠.

- I'm a great conversationalist.
  저는 대화를 재밌게 해요.

★ 매력이라는 말은 추상적이라서
영어로는 어떤 면이 매력적인지 구체적으로 말하는 편이에요.

252

068 시비조로 오해하는 Hey YOU

K 어, 저기 제임스다! Hi, James.

안녕, 제임스.

A Hey YOU!!!!!!

▶ 이해: 야! 너!!!

K 엥? 뭐지? You? 너 내 이름 몰라?

 ★ 혹시 미국인 친구에게 Hey YOU라는 말 들어본 적 있어요? Hey의 뜻은 '야', you의 뜻은 '너'. 그러니까 '야, 너!!!!'라는 뜻일까요? 이름을 몰라서 그냥 그런 식으로 인사하는 걸까요? 잘 모르면 좀 서운하게 느낄 수도 있겠네요. 그런데 사실은 미국인들이 정말 많이 쓰는 아주 원어민스러운 인사 방법입니다. 물론 무서운 표정을 지으며 짧은 어조로 Hey, you라고 하면 시비조로 들리지만, 상대방이 밝게 웃으면서 말할 때는 '안녕, 반갑다! 오랜만이야!'라는 뜻으로 이해하면 된답니다. 만약 미국인 친구가 눈을 동그랗게 뜨고 높은 목소리 톤으로 이렇게 말을 걸어오면 여러분도 밝게 웃으면서 이렇게 대답해보세요!

● <u>Hey YOU</u>! How have you been?

안녕! 어떻게 지냈어?

● <u>Hey YOU</u>! Long time no see!

안녕! 오랜만이야!

● <u>Hey YOU</u>! What are you doing here?

안녕! 너 여기서 뭐 해?

● <u>Hey YOU</u>! I'm so glad to see you again!

안녕! 다시 봐서 진짜 반갑다!

▶ YouTube TALK

구독자 코멘트

'야, 인마!'랑 비슷하네요. 이 말도 웃으면서 얘기하면 반갑다는 의미로 들리지만, 정색하면서 말하면 분위기 살벌해지죠.

👍 👎

(올리버쌤) 미국에서도 특히 10~20대는 편한 분위기에서 거친 표현들을 자주 써요. 물론 부모님이나 선생님 같은 어른들이 주위에 없을 때 말이에요. '야~ 인마!'처럼 딱 정해진 인사말은 없고 그냥 f 혹은 h로 시작하는 욕을 섞어서 말합니다. 제가 책에 욕을 언급할 수는 없고😣 욕설 자리를 비워서 예문을 드릴게요. 빈 칸에 어떤 단어가 들어갈지 직접 상상해보세요!

- What the ＿＿＿＿ is up bro?!
  XX 별일 없냐, 친구?!

- What the ＿＿＿＿ is going on sis?!
  XX 무슨 일 있어, 친구?!

- How the ＿＿＿＿ have you been man?
  XX 그동안 잘 있었냐, 친구?!

★ XX 자리에 여러 분이 가장 심하다고 생각하는 욕을 넣어보세요.

069 알고 보면 놀리는 말
Cool story bro

K So I bought a bar of butter today.
나 그래서 오늘 버터 샀어.

A Oh yeah? What'd you do with it?
그래? 그걸로 뭐 했는데?

K I put it in the fridge and it got cold!
냉장고에 넣고 차갑게 만들었지!

A ⋯. Cool story bro.
▶ **이해:** ⋯. 멋진 이야기다, 친구야.

K 진짜 재미있어?! 와! 얘기 더 해줄까?

A Nahh⋯ I gotta go now. Bye.
아니⋯ 나 가봐야 해. 안녕.

K 잉?! 어디 가? 내 얘기 재밌다며!!

★ 미국인 친구에게 Cool story bro. Tell it again이라는 말 들어본 적 있나요? 문자 그대로 번역하면 '멋진 이야기다, 친구야! 또 말해 줘'라는 뜻이라서 아주 신나게 들리네요! 하지만 이 말을 듣고 기분 좋아지면 안 됩니다. 사실 이 표현은 빈정거리면서 상대방의 말을 무시할 때 주로 쓰거든요. '이야~ 참 재밌네, 또 얘기해봐, 난 안 들을 테니까' 하는 느낌이랄까요? 미국 네티즌들이 이 표현을 재미있는 짤로 사용하면서 유명해졌어요. 앞으로 여러분 말에 이렇게 반응하는 미국인 친구한테는 친절하게 대해주면 안 되겠어요. 재미없는 소리를 하는 친구에게 여러분이 거꾸로 사용해볼 수도 있겠네요!

EXPRESSIONS 이렇게 말해보세요

● **Cool story bro···.**

재밌는 이야기로군, 형제여.

● **Cool story bro. Tell it again.**

재밌는 이야기로군, 형제여. 또 이야기해보시게.

● **Cool story bro··· You should write a book about it.**

재밌는 이야기로군, 형제여. 그걸로 책이나 써봐.

● **That was the coolest story I've ever heard.**

내가 들어본 이야기 중에 최고로군.

● **I've never heard a cooler story than that man.**

그것보다 끝내주는 얘기는 못 들어봤는걸.

★ 박수도 치면 효과가 좋습니다.

● **That's such an awesome story bro.**

그거 참 굉장한 이야기로군, 친구여.

▶ YouTube TALK

구독자 코멘트

bro를 성별에 관계없이 써도 되나 봐요?

👍 👎

⤷ (올리버쌤) 흠… 논란의 여지가 있는 질문이네요. 감탄사 Man!처럼 해당 표현을 꼭 성별과 연결시켜서 쓰지 않는 트렌드가 있긴 있습니다. (감탄사 Man!도 상대방의 성별과 상관없이 '헐!', '우와!', '저런'과 같은 의미로 사용해요.) 요즘 10~20대 사이에서는 여자에게 bro라고 해도 괜찮다고 생각하는 사람들이 있다고 해요. 그래서 최근에는 미국에서 가끔 여자에게 man 혹은 dude라고 하는 것을 들을 수 있습니다. 하지만 이 트렌드를 모두가 환영하지는 않기 때문에 불편해하는 분들도 있어요. 따라서 이 표현은 어느 정도 이런 트렌드에 동의하는 사람들 사이에서 쓰는 것이 좋을 것 같아요.

070 미국인이 애슐리 레스토랑을 무서워하는 이유

A What should we eat for lunch?

우리 점심으로 뭘 먹을까?

K 흠⋯ Let's eat Ashley.

▶ **의도:** 애슐리 가자.

A Ashley?

애슐리라고?

K Yes! Ashley is very delicious and cheap!

▶ **의도:** 응! 애슐리 엄청 싸고 맛있거든!

A No thank you!!!

아니, 난 됐어!!!

여러분, 애슐리 레스토랑 좋아하십니까? 런치메뉴가 아주 싸고 맛있죠! 저는 특히 갈 때마다 치즈케이크를 엄청 많이 먹는 것 같아요. 그런데 미국인 친구에게 애슐리 같이 가자고 할 때 어떻게 말할 수 있을까요? Let's eat Ashley라는 문장을 떠올리기 쉽지만, 그렇게 말하면 미국인 친구 얼굴이 갑자기 새파래질 수 있어요. 미국에서 애슐리, 맥도날드 같은 말은 사람 이름으로 쓰이거든요. 그래서 이렇게 말하면 레스토랑 가자는 뜻이 아니라 그 사람을 먹자는 것처럼 들릴 수 있어요. 마치 '김가네 가자!'라는 말이 '우리 김씨를 먹읍시다!'라고 들리는 거랑 같은 이치죠. 확실하게 의사를 전달하려면 그 이름 뒤에 's를 붙여보세요.

259

● **Let's eat Ashley.**

애슐리를 잡아 먹자.

➡ **Let's eat Ashley's.**

애슐리 레스토랑 음식 먹자.

● **I love McDonald.**

저는 맥도날드 씨를 사랑해요.

➡ **I love McDonald's.**

난 맥도날드 음식 좋아해.

● **Julio tastes good.**

훌리오 씨는 참 맛있어요.

➡ **Julio's tastes good.**

훌리오 음식은 맛있어요.

▶ YouTube TALK

구독자 코멘트

'엄마손 김밥'은 뭐라고 해요?

👍 👎

> (올리버쌤) 이 댓글을 보니까 제가 겪은 재미있는 에피소드가 떠오르네
요. 한국에 도착한 지 얼마 안 됐을 때 친구랑 저녁을 먹으러 '엄마손 식
당'에 갔다가 깜짝 놀란 적이 있어요. 너무 놀란 나머지 등골이 서늘해질
정도였죠. 왜냐하면 저도 모르게 그 말을 영어로 번역하게 되었고, 그 순
간 정말 끔찍한 이미지들이 머릿속에 떠올랐거든요. 다행히 나중에 한국
인 친구가 '엄마손'의 의미를 설명해준 덕분에 마음이 편해지고 식욕이
다시 돌게 됐죠.
>
> 엄마의 손맛이 들어간 맛있는 김밥을 표현할 때는 Mom's hand Kimbab
대신 Mom's Homemade Kimbap이라고 하는 게 더 자연스러울 것 같
아요. 여러분도 앞으로 엄마의 손맛을 표현할 때 직역하지 말고 제가 알
려드린 표현을 사용해보세요.

261

QUIZ 퀴즈

001 내가 데이트코스 짤게.

002 저 영어 실력 향상하고 싶어요.

003 안녕하세요. 오늘 어떠세요?

004 우리 조만간 한잔하자.

005 문 밖에 어떤 사람이 있어요.

006 우리 동네에 길고양이 엄청 많아.

007 그 친구 매력 있어.

008 안녕! 어떻게 지냈어?

009 재밌는 이야기로군, 형제여. 또 이야기해보시게.

010 애슐리 레스토랑 음식 먹자.

I'll　　　our date.

I want to　　　my English.

　. How are you today?

Let's meet up for a drink　　　　.

There is a　　　at the door.

There are so many　　　in my neighborhood.

He's so　　　.

Hey　! How have you been?

　　　. Tell it again.

Let's eat　　　.

Q_____

번역기 성능이 점점 좋아지는데 영어를 꼭 배워야 할까요?

A_____

AI 덕분에 좋은 번역 앱이 점점 많아지는 것 같아요. 번역기 앱 광고를 보면, 미국에 온 관광객들이 번역기 앱을 통해서 미국인들에게 길을 물어보거나 재미있는 대화를 하기도 하더라고요. 저도 이런 앱을 사용해봤는데 솔직히 많이 놀라워요. 물론 가끔 어색한 말이 튀어나오기도 하지만요. 사실 요즘 번역기 기술이 너무 좋아져서 어떤 사람들은 이제 영어나 외국어를 전혀 배울 필요가 없다고 생각해요. 그런 사람들이 점점 많아지는 것 같기도 하고요. 실제로 한국에서 영어를 가르칠 때 이렇게 생각하는 학생들을 많이 만나봤어요. 하지만 저는 기술이 발달한 이 시점에도 외국어를 배워야 할 필요성을 크게 느껴요.

번역기가 절대로 번역할 수 없는 문화

외국어를 배우면 새로운 문화도 배우게 돼요. 사실 어떻게 보면 문화랑 언어는 하나입니다. 우리가 한국어를 소중하게 생각하는 이유도 바로 여기에 있죠. 한국어에 한국 문화가 고스란히 녹아 있으니까요. 어떤 친구는 만약 한국이 어떤 이유로 인해 다른 언어를 써야만 했다면, 아마 한국의 문화가 지금과는 크게 달랐을 거라고 생각하더라고요. 맞는 말이라고 생각해요. 그만큼 언어가 문화와 밀접하다는 소리겠죠. 아무튼, 이런 이유 때문에 언어를 배울 때는 그 문화도 같이 이해해야 해요. 문화를 모르면 절대 번역할 수 없는 표현이 생각보다 아주 많아요. 예를 들어 저는 한국말로 '눈치'라는 단어를 이해하는 데 아주 오랜 시간이 걸렸어요. 눈치라는 말은 한국의 문화가 깊이 밴 표현이라 영어로는 번역이 불가능하고 번역하더라도 미국인이 이해하기는 아주 어렵거든요. 이제 저는 눈치가 무슨 말인지 잘 알아요. 하지만 제가 한국 문화를 모르는 채 AI 프로그램으로만 '눈치'라는 말을 이해하려고 했다면 아마 지금도 그 뜻을 제대로 알지 못했을 거예요.

번역기에게는 아직 어려운 분야

한국어, 영어, 일본어, 스페인어 등등 언어마다 숙어나 속담이 꼭 있어요. 가끔 비슷한 번역을 찾을 수는 있지만 아예 번역하기 불가능할 때도 있어요. 물론 AI 발전 속도가 빠르기 때문에 언젠가는 속담도 정복할 수 있을 거라고 생각해요. 하지만 이 속담의 산을 넘고 나면 더 큰 산이 기다리고 있을 거예요. 바로 속어입니다. 속어는 속담이나 숙어와는 다르게 생물체처럼 항상 변하고 진화해요. 특히 인터넷이 있어서 더 그렇죠. '핵노잼', '혼밥' 같은 표현을 어떻게 번역할 수 있을까요? 아마 상대방이 AI 번역기를 통한 문장을 듣는다면 아주 혼란스럽다는 듯이 여러분을 쳐다보거나, 아니면 빵 터질 수 있을 것 같아요.

번역기가 해줄 수 없는 감정의 연결

한 나라의 언어를 배운다는 것은 단순히 언어나 문화를 배우는 것이 아니라고 생각해요. 언어와 문화는 살아 있는 유기체와 같아서, 그 언어를 사용하고 대화할 때마다 다른 사람과 새로운 연결을 만들어줘요. 예를 들어서 제가 한국어로 한국인에게 말을 걸면, 제가 사용하는 한국어에 제 성격과 한국 문화에 대한 이해의 정도가 녹아나 상대방도 호의를 가지고 받아들이죠. 그래서 두 마음이 쉽게 연결되고 결국 좋은 친구가 될수 있는 것 같아요. 만약 제가 AI를 사용해서 한국인에게 말을 걸면 그런 마법이 일어날까요? 아무래도 힘들겠죠. AI 번역기로 대화하면 어느 정도 소통은 가능하겠지만, 여전히 두 사람 사이에 장벽이 놓여 있어서 마음까지 연결하긴 힘들 거예요.

외국어를 배우며 튼튼해지는 뇌

과학계에서 말하길 외국어를 배우면 나중에 나이가 들어도 노인성 치매에 걸릴 가능성이 더 낮아진대요. 원래 나이가 많으면 많을수록 뇌가 약해지는데, 언어를 하나 이상한다는 것은 사실 뇌를 크게 운동시키는 것과 같아서 뇌가 더 건강하게 오래간다고 하네요. 대학생 시절, 스페인어 번역 강의를 해주시던 교수님은 나이가 85세가 넘으셨어요. 누가 봐도 노인처럼 보였지만, 입을 열면 저보다 더 젊은 인상을 주셨어요. 재치가넘치고, 생각하는 속도가 아주 빨랐거든요. 학생 이름, 취미, 좋아하는 음악 등등까지잘 기억하셨고, 농담도 순발력 있게 잘 치셨어요. 아마 꾸준히 두 개 이상의 언어를 넘나들며 뇌를 단련시킨 결과겠죠? 저도 할아버지가 됐을 때, 그 교수님처럼 뇌만은 젊은 사람으로 남고 싶어요. 그런 목표를 가져서인지 한국어나 스페인어 공부도 항상 더재미있게 느껴진답니다.

Lesson 8

오해 없이
소통하기 위한
감정 표현들

Oliver's English

071 잘못 말하면 욕으로 들리는 '안쓰럽다'

A Hey kid. Can you spare me a dollar?
I lost my wallet.

이봐, 젊은이. 자네 1달러만 빌려줄 수 있나? 지갑을 잃어버렸다네.

K Hold on. I have a dollar.

잠깐만요. 드릴게요.

You're so pathetic.

▶ **의도**: 안쓰럽네요.

A Did you just call me pathetic?

자네 방금 뭐라고 했나?

How rude of you!

참으로 무례하군!!

K 엥??? 왜 갑자기 화내시지?

 불쌍하고 안 좋은 처지에 있는 상대를 보면 '안쓰럽다'라는 표현을 쓰죠? 그런데 이 말을 영어로는 뭐라고 할까요? 사전에서 '안쓰럽다'를 찾으면 pathetic이 가장 먼저 나와요. 하지만 이 표현을 함부로 썼다가는 큰 오해를 살 수 있어요. 원어민들 사이에서는 '한심하다'라는 뜻으로 사용되거든요. 안타까운 처지에 빠진 상대방에게 한심하다고 하면 당연히 불쾌해하겠죠? 영어로 '안쓰럽다'를 정확하게 번역할 수는 없지만, 다양한 방법으로 감정을 표현할 수 있도록 간단하고 자주 쓰이는 표현만 뽑아봤어요. 상대방의 처지에 동감하고 위로할 때 이 표현들을 사용해보세요.

- **Sorry to hear that.**

  그거 안됐네.

- **What a bummer!**

  안됐다!

  ★ 상대방의 일이 틀어져서 안쓰러움을 느낄 때

- **That's too bad.**

  진짜 안됐다.

- **I feel bad for you.**

  안쓰러워라.

  ★ 너에게 나쁜 감정을 느낀다는 뜻이 아닙니다.

- **Oh man! That sucks!**

  저런! 힘들겠다!

  ★ 친한 친구끼리 쓸 수 있는 속어

- **Poor thing!**

  가여워라!

  ★ 주의: 억양을 잘못하면 놀리는 것처럼 들려요.

▶ YouTube TALK

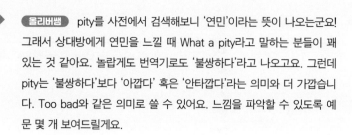

구독자 코멘트

What a pitty라는 표현은 안 쓰이나요?

👍 👎

↳ **올리버쌤** pity를 사전에서 검색해보니 '연민'이라는 뜻이 나오는군요! 그래서 상대방에게 연민을 느낄 때 What a pity라고 말하는 분들이 꽤 있는 것 같아요. 놀랍게도 번역기로도 '불쌍하다'라고 나오고요. 그런데 pity는 '불쌍하다'보다 '아깝다' 혹은 '안타깝다'라는 의미와 더 가깝습니다. Too bad와 같은 의미로 쓸 수 있어요. 느낌을 파악할 수 있도록 예문 몇 개 보여드릴게요.

- <u>What a pity</u> you can't go to the movies with me today.
  오늘 영화 보러 같이 못 가서 안타깝네.

- The baseball game got cancelled today. <u>What a pity</u>.
  오늘 야구 경기 취소됐대. 아까워라.

- I left my wallet at home. <u>What a pity</u>.
  나 집에 지갑 두고 왔다. 이런.

- You lost your keys? <u>What a pity</u>!
  너 열쇠 잃어버렸어? 저런!

072 '노 관심'으로 들리는 I don't care

A You're the perfect person for this job.

당신은 이 일에 딱 맞는 분 같아요.

K 네? 면접에 합격했다는 뜻인가? I passed?

제가 통과했나요?

A Yes! When do you think you can start?

네! 언제부터 근무 가능할까요?

K 다 괜찮아요. I don't care when!

▶ **의도:** 언제든지 상관없어요!

A Excuse me?

뭐라고요?

약속 잡을 때 저는 주로 상대방의 선택을 따르는 편이라서 '난 어디서 만나든 크게 상관없어', '저녁 메뉴 크게 상관 안 해' 같은 말을 많이 써요. 그런데 이 표현을 영어로는 뭐라고 할까요? 생각보다 많은 분들이 I don't care라고 하는데, 이 표현은 의외로 안전하지 않을 수 있어요. 경우에 따라서 '상관없어'라는 뜻보다는 '신경 안 써', '노 관심'처럼 들리거든요. 물론 얼굴을 보면서 대화할 때는 목소리 톤이나 몸짓으로 의도를 잘 알아차릴 수 있겠지만, 문자나 메일을 보낼 때는 어감을 살리기 힘들기 때문에 '몇 시에 만나든지 내 알 바 아냐', '저녁 메뉴? 어쩌라고. 먹든가 말든가'와 같이 들릴 수 있습니다. 여러분이 약속을 잡을 때 문제의 소지가 없도록 어떻게 말해도 오해가 생기지 않는 안전한 표현들을 소개해드릴게요.

● **Anywhere is fine with me.**

난 어디든 좋아.

● **Anytime is okay with me.**

난 언제든 괜찮아.

● **I'm fine with whatever.**

난 다 괜찮아.

● **Wherever you want to meet up is fine with me.**

난 어디서 만나든지 좋아.

● **Whenever you want to meet up is fine with me.**

난 언제 만나든지 좋아.

● **It doesn't matter to me. Whenever is fine!**

난 상관없어. 언제든지 좋아.

★ It doesn't matter도 단독으로 쓰면 오해의 소지가 있어서
위 표현들과 섞어 쓰는 게 가장 안전해요.

▶ YouTube TALK

구독자 코멘트
I don't mind라고 해도 오해할까요?

👍 👎

올리버쌤 일단 I don't mind의 의미는 좀 달라요. 어떠한 상황에 불만이 없다는 뜻으로 쓰는 표현이고, '허락해줄게'라는 뉘앙스가 들어 있거든요. 예를 들어서 제 룸메이트가 '올리버, 조금 시끄러울 것 같긴 한데 잠깐 악기 연습해도 돼?'라고 물어본다면, '소음에 개의치 않아', '그래, 괜찮아!'라는 의미로 전 I don't mind라고 할 것 같아요. 어떤 느낌인지 이해가 되시나요? 아래 예문으로 느낌을 단단하게 다져보세요.

A Sorry to bother you!
귀찮게 해서 미안!

B It's okay. I don't mind.
괜찮아.

A Sorry, my car is really messy.
미안, 차가 좀 더럽지.

B That's alright. I don't mind.
괜찮아. 개의치 않아.

A Do you mind if I vacuum the living room?
나 거실에서 청소기 돌리면 좀 그럴까?

B No. Go ahead. I don't mind.
아니, 해. 괜찮아.

073 미국인을 불편하게 만드는 한국식 Thank you

A I really like kimchi!
나 김치 너무 좋아해!

K 오, 진짜? Really?

A Yeah! I even learned how to make it!
응! 담그는 방법도 알아!

K 와! 진짜 한국 문화 좋아하나 봐!
Thank you for liking Korea!
▶ **의도:** 한국 좋아해줘서 고마워.

A What? I'm serious! I really like kimchi!
응? 나 진심인데! 김치 정말 좋아해!

K 아, 그니까 고맙다고! Thank you!

'좋아해줘서 고마워요'라는 말은 한국인들끼리 오해 없이 소통할 수 있는 표현이죠? 한국에는 겸손 문화가 있어서 호감을 받으면 우쭐해 하지 않고 겸손하게 반응하려고 '고맙다'라고 말하는 것 같아요. 반면 미국에는 그런 정서가 없어요. 게다가 영미권에서 고맙다는 말은 상대가 호의를 베풀었을 때나 나를 위해 노력을 쏟아줬을 때 주로 씁니다. 좋아하는 마음은 호의를 베풀거나 노력으로 되는 게 아니라 자연스럽게 마음이 따라가는 거잖아요. 그래서 Thank you for liking Korea라고 하면 듣는 영어 원어민은 '난 한국 좋아하려고 노력하는 거 아닌데 왜 고맙다고 하지? 진심으로 안 들리나?'라고 반응할 수 있어요. 좋아하거나 사랑한다는 말을 들으면 고맙다는 표현 대신 이렇게 반응하는 것이 더 자연스러울 것 같아요.

━ EXPRESSIONS 이렇게 말해보세요 ━━━━

한국 문화를 좋아한다는 사람에게는

● **Oh, you do? That's cool!**

어, 그래? 좋네!

● **Oh yeah? Me too!**

어, 그래? 나도 좋아해.

● **Good stuff, right?**

그거 좋아, 그렇지?

날 좋아한다는 사람에게는

● **I like you too.**

나도 너 좋아해.

★ Thank you for liking me는 절대 사용 금지!

● **I love you too.**

나도 널 사랑해.

★ Thank you for loving me는 절대 사용 금지!

▶ YouTube TALK

구독자 코멘트

미국인 남자친구에게 '나 많이 사랑해줘서 정말 고마워'라고 말했더니 당황스러워하면서 '넌 나 안 사랑해?' 하고 되묻더라고요. 그거 해명하느라 진땀을 뺐었는데, 설명을 너무 잘해주셨네요.

올리버쌤 아마 사랑해줘서 고맙다는 의미로 Thank you for loving me라고 하셨나 보군요! Thank you for 동사-ing me라는 표현은 실제로 쉽게 찾아볼 수 있고 자주 사용합니다. Thank you for helping me(나 도와줘서 고마워), Thank you for listening to me(내 말 들어줘서 고마워), Thank you for cheering for me(기운 북돋아줘서 고마워) 등등등! 그런데 이 표현들의 공통점이 보이시나요? 맞아요! 모두 부탁과 관련된 표현입니다. '나에게 뭔가를 해줘서 고마워'라는 뜻이니까요. 그래서 Thank you for loving me라고 하면 '나를 사랑해주는 호의를 베풀어줘서 고마워'처럼 들리게 돼요. 사랑은 부탁해서 받는 호의가 아니라 마음 깊은 곳에서 우러나오는 에너지니까 그런 의미를 담아 제대로 표현하면 좋겠죠? 이렇게요! I love you so much!!!

074 애인에게 가장 듣기 싫은 말
We need to talk

K 아, 오늘 룸메이트 언제 오지?
(문자) **Hey. When will you be back?**
야. 너 언제 와?

A (문자) **Hmmm··· at 7! Why?**
음… 7시에! 왜?

K 오! 7시! 와서 얘기하고 놀면 딱이겠다!
(문자) **We need to talk.**

▶ **의도:** 우리 얘기하자.

(1시간 뒤)

K 아니, 얘는 왜 답장을 안 해? 나랑 얘기하기 싫은가?

친구나 애인과 이런저런 이야기를 나누고 싶을 때, '이야기하자'는 말을 영어로 어떻게 하면 좋을까요? 한국말로 '얘기 좀 해도 될까?', '너한테 얘기할 게 있는데', '잠깐 할 말 있는데' 등과 같이 영어로도 정말 다양한 방법과 표현이 있답니다. 그런데 심각한 주제로 이야기하려는 게 아니라면 We need to talk이라는 표현은 가급적 피하는 게 좋아요. need라는 동사가 있어서 '네가 지금 아무리 바빠도, 얘기하기 싫어도 상관없어. 우리 얘기 좀 해야 돼' 같은 강압적인 느낌이 들거든요. 특히 연인과 헤어지기 직전이거나 부부가 이혼하려고 할 때 단골로 쓰이는 표현입니다. 한국어로 진지하게 '우리 얘기 좀 해'라고 하는 느낌? 그래서 미국인들이 애인에게 가장 듣기 싫어하는 말로 이 표현을 꼽는답니다! 상대방이 지레 겁먹고 도망가길 원치 않는다면 이렇게 대화를 시작해보세요.

■ EXPRESSIONS 이렇게 말해보세요

● **Hey, can I talk to you?**

야, 얘기 좀 해도 돼?

● **Can I talk to you for a sec?**

잠깐 얘기해도 돼?

● **Hey, can I talk to you about something?**

야, 너한테 뭐 좀 얘기해도 돼?

● **Got a sec? I need to talk to you about something.**

시간 괜찮아? 너한테 얘기할 게 있는데.

★ need가 들어 있지만 got a sec? 덕분에 분위기가 무겁지 않아요.

● **Hey, there is something I need to talk to you about.**

야, 너한테 좀 할 말이 있는데 말이야.

★ we need to talk 문장만 피한다면
need를 써도 부드럽게 말해볼 수 있어요.

YouTube TALK

 구독자 코멘트

Can I have a word?도 비슷하게 쓸 수 있나요?

👍 👎

 올리버쌤 Can I have a word WITH YOU?라고 하면 '잠깐 너랑 얘기해도 될까?'라는 뜻입니다. 이 문장에서 a word는 '짧은 대화'로 이해하시면 좋을 것 같아요. 그런데 word 뒤에 with you가 꼭 있어야 해요. 안 붙이면 완성되지 않은 문장처럼 아주 어색하게 들리거든요. 마치 '잠깐 얘기해도 될?'라고 하는 것처럼요. 예문으로 어떻게 쓰는지 보여드릴게요.

- Can I have a word with you?
  너랑 잠깐 얘기할 수 있을까?

- Jenny wants to have a word with you.
  제니가 너랑 잠깐 얘기하고 싶대.

- Can I have a word with you sometime today?
  오늘 시간 될 때 너랑 얘기할 수 있을까?

- She wants to have a word with me after lunch.
  그 친구가 점심 후에 나랑 얘기하고 싶대.

075 영 만족스럽지 않은 칭찬 표현 fine

A Hey! I bought a new sweater!

야! 나 새 스웨터 샀지롱!

K Oh, really?!

오, 정말?!

A So? What do you think of it?

어때? 어떻게 생각해?

K 좋은데? It looks fine!

▶ **의도:** 좋아 보인다!

A Fine? I spent 500,000 won on it and all you say is 'fine'? Psh! Your face looks fine!

Fine? 50만 원짜리인데 고작 하는 소리가 fine? 쳇! 네 얼굴도 참 fine하네!

K 아니, 좋다니까! 칭찬한 거잖아! 😞

★ 아빠가 새로운 옷을 입었을 때! 여자친구가 머리를 예쁘게 했을 때! 어떻게 반응해야 할까요? 당연히 적극적으로 모자람 없이 칭찬해야 겠죠? 그런데 영어로 칭찬을 할 때 fine이라는 단어를 사용하는 분들이 꽤 많더라고요. 아마 '좋다'라는 의미로 알고 있다 보니 거리낌 없이 사용하시는 것 같아요. 하지만 여러분이 진심을 담아 칭찬하더라도 fine이라고 하면 상대방의 반응이 영 신통치 않을 수 있어요. '와! 멋지다!'보다는 '봐줄 만하네, 나쁘진 않고… 뭐, 합격'처럼 들리거든요. 제대로 칭찬을 해줘야 하는 분위기에서 그렇게 말하면 안 하느니만 못하겠죠? 상대방을 기쁘게 해줄 목적이라면 이렇게 칭찬해봅시다!

- **It looks great!**

  좋아 보이네!

- **Your dress is beautiful.**

  드레스 아름답다.

- **It looks awesome!**

  멋지다!

- **Your hair looks really good.**

  머리 스타일 진짜 좋다.

- **I love your shoes!**

  신발 예쁘네요!

  ★ 여기서 love는 '맘에 든다', '예쁘다'는 의미로 해석해보세요.

▶ YouTube TALK

구독자 코멘트

며칠 전에 혼자 앞머리를 자르다가 망쳐서 울고 있었는데, 룸메이트가 fine이라고 하더라고요. 이때도 그럼 부정적으로 말한 거였을까요?

👍 👎

올리버쌤 내 옷이나 외모에 대해서 불안해할 때 상대방이 fine이라고 말하는 건 살짝 달라요. 칭찬보다는 상대방을 안심시키려는 의도로 하는 말이니까요. 그럴 경우 fine에는 '문제없는데! 괜찮은데!', '걱정할 거 없어! 뭐라고 하는 사람 없을 거야'라는 느낌이 들어 있어요. 만약 여러분의 친구가 자기 옷이나 헤어스타일에 대해서 자신 없어 보이고 불만이 많으면 이렇게 말해보세요!

- Your hair looks fine!
  머리 괜찮아 보이는데!

- What's wrong with your skirt? It looks fine to me.
  치마가 왜? 괜찮아 보이는데.

- You look perfectly fine. Nothing is weird about your outfit.
  너 완전 괜찮아 보이는데. 입은 거 다 괜찮아.

- Don't worry. You look fine. Trust me!
  걱정 마. 괜찮아 보여. 날 믿어!

076 부정적으로 들리는 칭찬 표현 '기대보다 더 좋다'

K 와, 역시 미국 맛집 음식 맛있다! 유명한 이유가 있네.

A **Bueno sera. I'm Mario, the chef of this restaurant. How's the food?**

안녕하세요. 전 이 레스토랑 셰프 마리오입니다. 음식 입에 맞으세요?

K 네! 맛있어요. **It's better than I expected.**

▶ **의도:** 기대한 거보다 더 맛있었어요.

A **Excuse me?!**

뭐라고요?!

K 엥? 맛있다고 한 건데 왜 그러시지?

  음식 솜씨가 뛰어난 미국인 친구가 여러분을 저녁 파티에 초대했어요. 무려 5년 동안 프랑스에서 요리 공부를 했다는 얘기를 들어서 당연히 맛있겠거니 생각은 했지만, 맛을 보니 기대 이상이에요! 이런 경우에 '기대한 것보다 훨씬 맛있네요!'를 영어로 뭐라고 할 수 있을까요? 많은 분들이 It's much better than I expected 같은 문장을 사용해요. 문제없어 보이지만 원어민에게는 좀 다르게 들려요. 한국어 '기대'에는 긍정적인 의미가 담겨 있지만, 영어 expect 는 긍정도 부정도 아닌 중립적인 느낌이거든요. 마치 한국어의 '예상'처럼요. 그래서 원어민은 '기대치가 낮았는데 그것보다는 괜찮다는 건가? 대체 얼마나 기대를 안 했으면?'이라고 생각할 수 있답니다. 상대방이 해 준 음식, 상대방이 준비한 선물 등에 이렇게 반응하면 실례가 될 수 있겠죠? 부정적으로 들릴 수 있는 표현과 칭찬으로 들릴 수 있는 표현을 서로 비교하면서 알려드릴게요!

- **The food was a lot better than I expected.**

  그 음식 생각보다는 훨씬 괜찮았어요.

➡ **The food was <u>even</u> better than I expected.**

  그 음식 제 기대 이상으로 아주 맛있었어요.

  ★ even을 붙이면 기대가 높았는데 그것보다 더 좋다는 뉘앙스가 살아요.

- **That movie was much better than I expected.**

  그 영화 생각보다는 훨씬 괜찮더라.

➡ **That movie was <u>even</u> better than I expected.**

  그 영화 내 기대 이상으로 아주 재밌더라!

- **Your book is selling much better than I expected.**

  네 책 판매율 생각보다는 꽤 괜찮네.

➡ **Your book is selling <u>even</u> better than I expected.**

  네 책 판매율 기대 이상으로 아주 잘 나와!

YouTube TALK

> **구독자 코멘트**
> **even 대신 way를 쓰는 건 어떤가요?**
> 👍 👎

 　올리버쌤 　상황에 따라 way라고 하면 상대방이 상처받을 수 있어요. It was way better than I expected는 '기대 이상으로 좋았다'보다 '생각한 것보다 훨씬 좋았다'라는 뜻입니다. 그래서 만약 제가 여러분들을 위해서 맛있는 초코 케이크를 만들었는데 The cake was way better than I expected라는 소리를 들으면 이틀 동안 풀이 죽어 있을 거예요. 마치 '기대를 아예 안 했는데 먹어보니까 진짜 맛있네!'처럼 들리니까요. 물론 케이크가 맛있다고 칭찬한 거긴 하지만, 제 요리 실력에 대해서 먼저 심하게 비판한 거잖아요. 😔

그런데 제가 이걸 설명할 때 '상황에 따라'라는 말을 붙인 이유가 있어요. 만약 오늘 인천 공항에 처음 도착한 미국인 친구를 여러분이 만난다고 상상해보세요. 한국에 처음 온 외국인이니까 자연스럽게 '한국말 하나도 못 하겠다'라고 생각하겠죠? 그런데 도착하자마자 그 미국인이 유창하게 한국말을 하네요! 이럴 때는 You speak Korean way better than I expected라고 해도 돼요. 외국인이니까 한국말을 잘하리라고 기대하지 않는 건 당연한 거고, 상대방도 그 점에 공감할 테니까요.

077 '살쪘다'를 긍정적으로 말하는 방법

A Hey, Hyeokchan. What are you doing for dinner this evening?

혁찬아, 너 오늘 저녁에 뭐 먹을 거야?

K I'm going to a salad buffet with my sister.

여동생이랑 샐러드 뷔페 가려고.

A A salad buffet? Why not a steakhouse?

샐러드 뷔페? 왜 스테이크 집 안 가고?

K Umm… 내 동생 요즘 살이 좀 쪄서. My sister is getting fat.

A Fat? You're so mean.

뭐? 너 진짜 못됐다!

K 엥? 왜 그러지?

'살쪘다'라고 말할 때 혹시 fat이라는 단어를 사용하시나요? 틀린 표현은 아니지만 여러분이 생각하는 것보다 더 부정적인 느낌이에요. 지방! 기름!이라고 하는 느낌?! 남의 외모에 대해서 함부로 묘사하는 것은 무례한 행동인 데다 그 표현이 너무 노골적이고 부정적이면 듣는 사람이 불편할 수 있겠죠? 솔직히 살집 좀 있다고 나쁜 건 아니잖아요! 한국말로도 '통통하다', '풍채가 좋다'와 같이 긍정적으로 표현하듯이 영어에도 부드러운 표현이 있답니다. 살이 오른 것을 비판하거나 욕하는 게 아니라면 조금 바꿔서 말해보세요. 듣는 사람도 더 편하게 들을 수 있을 테니까요.

● **I was a little on the heavy side.**

난 약간 살집이 있는 편이었지.

● **She was on the heavy side when I first met her.**

제가 그분 처음 봤을 때는 조금 살집이 있으셨어요.

● **He's a big guy.**

걔 풍채가 좋아.

● **I got kind of big over the summer.**

나 여름 동안 살이 붙었어.

> ★ get big: '커지다'라는 의미로 살이 쪘거나
> 근육이 많이 생겼다는 뜻이에요.

● **She was chubby when she was a kid.**

걔 어릴 때는 좀 통통했어.

▶ YouTube TALK

구독자 코멘트

plump도 비슷하게 쓸 수 있나요?

👍 👎

올리버쌤 plump도 좋은 표현입니다. 약간 살이 오른 토실토실한 느낌인 것 같아요. 그런데 이 표현도 사람에게 쓸 때는 kind of(다소)를 붙이는 게 더 부드러워요.

• He's kind of plump!
  그 녀석 좀 토실토실해!

그런데 이 단어는 사람뿐만 아니라 사물에 대해서 말할 때도 쓸 수 있어요. 예를 들어서 나무에 있는 사과가 아주 잘 익어서 수확기가 되면, 충분히 크니까 plump라고 해요. 돼지 축사에서 일하는 농부들은 돼지를 최대한 빠르게 살찌우기 위해서 돼지가 plump될 때까지 음식을 많이 주죠. 사실 어떤 사람들은 자기 체형에 대해서 지나치게 예민하기도 하니까 아예 체형에 대한 언급을 피하는 게 더 좋을 것 같아요.

078 미국인을 펄쩍 뛰게 만드는 '피곤해 보인다'

K **Hey, are you okay?**
야, 너 괜찮냐?

A **Yeah, I'm fine.**
응, 괜찮은데.

K 얼굴이 너무 상했는데? **You look very tired. Maybe you should rest.**
너 피곤해 보여. 좀 쉬어야겠다.

A **What? I look tired? Thanks!!!** 😩
뭐? 내가 피곤해 보여? 고맙다!!! 으앙!!

K 잉? 걱정해서 한 말인데 왜 과민 반응이지?

저는 체질상 다크서클이 정말 잘 생겨요. 오후 늦게 커피를 마시거나 조금만 늦게 자도 눈 밑에 어두운 그늘이 생기죠. 그 때문인지 한국에서 피곤해 보인다는 말을 아주 많이 들었어요. 특히 같이 일하는 선생님들은 제가 걱정되셨는지 따뜻한 차도 타 주시고 비타민제도 자주 사 주셨어요. 한국 사람들은 정이 많아서 그런지 서로의 건강도 잘 챙기는 것 같아요. 그래서 '너 피곤해 보인다'라는 말을 상대방에 대한 따뜻한 관심으로 표현할 때가 많죠. 하지만 미국에서 그 표현을 영어로 말하면 상대방이 펄쩍 뛸 가능성이 커요. 못생겼다고 외모를 비판하는 의미로 들리거든요. 미국에서는 서로의 외모에 대한 부정적인 이야기는 피하는 편이다 보니 이런 오해가 생기는 것 같아요. 그래서 정말 서슴없는 사이가 아니라면 다음의 표현은 피하는 게 좋을 것 같아요.

289

● **You look tired today.**

오늘 피곤해 보인다.

★ 오늘 못생겼다고 들려요.

● **You look sick.**

아파 보인다.

★ 얼굴이 엉망이라는 말로 들려요.

● **You look sick. I think you should take the day off.**

아파 보인다. 하루 쉬어야 될 것 같은데.

★ 쉬어야 할 만큼 얼굴이 최악이라는 말로 들려요.

● **You have dark circles.**

너 다크서클 있네.

★ 걱정보다는 놀리는 소리로 들려요.

● **Your face. It's so puffy!**

너 얼굴. 좀 부었네!

★ 얼굴 크다고 놀리는 것처럼 들려요.

▶ YouTube TALK

구독자 코멘트
그럼 걱정되는 마음을 표현하고 싶을 땐 뭐라고 해요?
👍 👎

올리버쌤 미국에서는 외모를 판단하는 것에 대해서 아주 예민한 편인 것 같아요. 특히 회사나 학교에서요. 상대방이 하품했을 때 You look sleepy(너 좀 졸려 보인다)라고 하는 것까지는 괜찮지만 상대방의 다크서클 보고 You have dark circles(너 다크서클 있네)라고 하면 선을 좀 넘는다는 느낌이 들어요. 물론 어떤 사람은 상처받지 않을 수도 있어요. 하지만 각자 다른 성향을 모두 파악하긴 어려우니까 다른 방법으로 상태를 물어보는 것이 안전하겠죠?

How's your day going?(오늘 좀 어때?)라고 물어보는 건 어떨까요? 상대방이 진짜 피곤하거나 아프면 본인 입으로 알려줄 거예요. 참고로 상대방이 I'm really tired(피곤해)라고 했을 때 I can tell(그래 보인다) 대신 I hope you get some sleep tonight(오늘 밤엔 푹 자면 좋겠네)라고 대답해보는 것은 어떨까요? 긍정적으로 위로해주는 말이라서 분위기가 훨씬 더 부드러워질 거예요.

079 따뜻한 포옹을 원할 때 hug 사용법

K 오! Are you that famous actor?!

유명한 배우시죠?

A Yes, that's me. Hi!

네, 맞아요. 안녕하세요!

K 저 완전 팬이에요! I'm a big fan of yours!
저, 근데 한 번만 안아주실 수 있어요? Hug me.

▶ **의도:** 안아주세요.

A What…? I…I gotta go. It was good to
meet you. Bye!

네…? 아… 저 가볼게요. 만나서 반가웠어요. 안녕!

K 어! 뭐야! 왜 그냥 가요!

기운이 빠지고 정신적인 에너지가 없을 때 누가 안아주면 정말 큰
힘이 되죠? 따뜻한 포옹을 받으면 금방 마음이 충전되니까요. 그럴
때 '안아주세요'라는 말을 영어로 뭐라고 할까요? 많은 분들이 Hug
me라는 표현을 쓰는데요, 이 표현은 여러분이 생각하는 것보다 명
령하는 느낌이 강합니다. '날 안아라!'라고 하는 것 같달까요? 물론
서로 서슴없는 애인 사이라면 '안아라'라고 명령해도 되겠죠. 그런
데 애정을 갈구하는 상황이나 상대방한테 잘 보여야 하는 상황에선
그렇게 말하면 안 되잖아요. 그러니까 부드러운 표현도 알아두는 게
좋을 것 같아요. 친구, 가족, 애인끼리 이 표현으로 따뜻한 포옹을
나눠보세요!

● **Can I get a hug?**

포옹해줄래요?

● **Can I have a hug?**

포옹해줄래요?

● **I need a hug.**

안아주세요.

● **I could use a hug.**

포옹해주시면 좋을 텐데요.

★ 아주 청유적인 표현

● **Where's my hug?**

왜 나 안 안아줘?

★ 조금 더 위트 넘치는 표현

▶ YouTube TALK

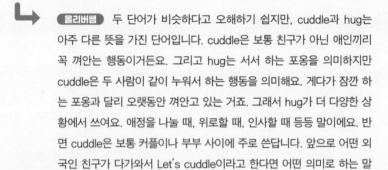

구독자 코멘트

cuddle도 '포옹', '껴안다' 라는 뜻이잖아요? 이 표현은 어떻게 다른가요?

👍 👎

올리버쌤 두 단어가 비슷하다고 오해하기 쉽지만, cuddle과 hug는 아주 다른 뜻을 가진 단어입니다. cuddle은 보통 친구가 아닌 애인끼리 꼭 껴안는 행동이거든요. 그리고 hug는 서서 하는 포옹을 의미하지만 cuddle은 두 사람이 같이 누워서 하는 행동을 의미해요. 게다가 잠깐 하는 포옹과 달리 오랫동안 껴안고 있는 거죠. 그래서 hug가 더 다양한 상황에서 쓰여요. 애정을 나눌 때, 위로할 때, 인사할 때 등등 말이에요. 반면 cuddle은 보통 커플이나 부부 사이에 주로 쓴답니다. 앞으로 어떤 외국인 친구가 다가와서 Let's cuddle이라고 한다면 어떤 의미로 하는 말인지 바로 알아챌 수 있겠죠?

080 첫인사 후 부드럽게 대화를 이어가는 방법

K Hi! Nice to meet you! I'm Minho!

안녕! 반가워! 난 민호라고 해!

A Hi. Nice to meet you too! I'm John.

안녕. 나도 반갑다. 난 존이야.

K 아… 이제 무슨 말을 하지? 아! How are you today?

오늘 어때?

A Great. Thank you for asking! How about you?

좋아. 물어봐줘서 고마워. 넌 어떤데?

K I'm fine… haha…. 아… 이제 무슨 말을 하지?

좋아… 하하….

 ★ 외국인과 만났을 때 첫인사를 나눈 뒤 뻘쭘하고 불편한 기분 느껴본 적 있으신가요? 교과서에서 첫 인사말이 How are you? Nice to meet you!라는 건 배웠는데 그다음엔 뭐라고 말하면 좋을지 막막해하는 일이 많은 것 같아요. 대학교 때 한국에서 온 교환학생 친구들이 있었는데, 그 친구들 모두 첫인사 후 말없이 다른 데를 보거나 핸드폰만 봐서 아주 차가운 인상을 받았던 기억이 있어요. 알고 보니 성격이 차가운 게 아니라 어떤 말을 꺼내야 할지 몰라서 그랬던 거였어요. 물론 시간이 지나면서 그런 오해 없이 따뜻한 마음을 나눌 수 있게 되었지만, 빠르게 친해지고 좋은 첫인상을 주고 싶다면 부드럽게 대화를 이어갈 표현을 알아두는 게 좋겠죠? 여러분이 어색한 순간을 경험하지 않게 유용한 팁이랑 표현을 알려드릴게요!

295

➡ EXPRESSIONS 이렇게 말해보세요

친구 소개로 만났을 때

● **I've heard so many great things about you!**

너에 대해서 좋은 얘기 많이 들었어!

뭐든지 칭찬할 때

● **That's a cool hat!**

모자 멋지다!

● **Nice shoes!**

신발 멋지다!

● **Where did you get it?**

어디서 샀어?

★ 신발, 안경같이 복수인 경우에는 Where did you get them?

공통적인 친구가 있을 때

● **So, how do you know Cindy?**

그럼 신디랑은 어떻게 아는 사이야?

행사나 파티에서 만났을 때

● **So, how did you hear about this event?**

그럼 이 행사는 어떻게 알고 왔어?

● **So, how did you find out about this party?**

그럼 이 파티는 어떻게 알고 왔어?

YouTube TALK

구독자 코멘트
첫인사를 나눈 후에는 자연스럽게 국적을 물어보게 되더라고요.
👍 👎

↳ 　[올리버쌤]　국적을 물어보는 것도 나쁘지 않아요. 왜냐하면 그 사람의 나라에 대해서 나눠볼 수 있는 이야기가 많을 테니까요. 문화나 음식에 대해서 이야기하면 금방 친해질 수 있겠죠? 그런데 상대방의 나라가 여러분에게 너무 생소하면 어쩌죠? 예를 들어 노르웨이나 짐바브웨 같은 나라라면 말이에요. 이럴 때도 당황하지 않고 대화를 이어갈 수 있도록 제가 국적 질문 뒤에 추가로 써볼 수 있는 표현을 알려드릴게요!

- What's it like in Kenya?
  케냐는 어떤 곳이야?

- How's the weather in Canada?
  캐나다는 날씨 어때?

- What language do they speak in Norway?
  노르웨이에서는 어떤 언어를 써?

- What kind of food do they eat in Cambodia?
  캄보디아에서는 어떤 음식을 먹어?

- How do you say hello in Mongolian?
  몽골 말로 인사를 어떻게 해?

★ 그 나라 언어에 관심을 보이면 누구나 기분이 좋아지니까요!

297

★ QUIZ 퀴즈

001 그거 안됐네.

002 난 언제든 괜찮아.

003 어, 그래? 좋네!

004 잠깐 얘기 좀 해도 돼?

005 멋지다!

006 그 음식 제 기대 이상으로 아주 맛있었어요.

007 난 약간 살집이 있는 편이었지.

008 오늘 피곤해 보인다.

009 포옹해줄래요?

010 너에 대해서 좋은 얘기 많이 들었어!

Sorry to ⬚ that.

⬚ is okay with me.

Oh, you do? That's ⬚!

⬚ talk to you for a sec?

It looks ⬚!

The food was ⬚ better than I expected.

I was a little on the ⬚ side.

You look ⬚ today.

Can I get a ⬚?

I've heard so many ⬚ ⬚ about you!

**올리버쌤의
영어공부팁**

❽

유튜브 채널 구독자들이

가장 많이 하는 질문에 대한

올리버쌤의 답변

Q____

유학 갔다 왔는데 영어를 다 까먹었어요

A____

먼저 성공적으로 유학을 마치고 무사히 집으로 돌아가신 것 축하드립니다. 그동안 외국인 친구도 많이 생기고 영어도 엄청 늘었겠죠! 견문이 넓어진 건 두말할 것도 없고요. 그런데 학생들이 유학에서 돌아오면 열심히 배운 영어를 까먹을까 봐 걱정을 많이 해요. 인생에서 아주 큰 투자를 한 셈인데, 다 잊어버리면 답답하고 슬플 거예요. 하지만 그 감정은 여러분 것만이 아닙니다. 저도 똑같이 느낄 때가 많거든요.

까먹는 것은 자연스러워요

안타깝지만 외국어나 새로운 기술은 컴퓨터에 프로그램을 설치한 것처럼 계속해서 머릿속에 남아 있지 않아요. 그래서 열심히 배운 외국어를 오랫동안 사용하지 않으면 해변의 모래성처럼 다시 바다로 쓸려 가버립니다. 많은 사람들이 오래전에 배운 기술을 까먹고선 머리가 나빠서 그렇다고 자책하곤 하는데요, 사실 이건 여러분의 머리가 나

300

빠서 그러는 게 아니에요. 배우거나 외운 걸 모두 기억하고 있으면 머릿속이 너무 복잡해지니까, 우리의 뇌가 오래되고 사용 빈도가 떨어지는 것들을 자동으로 삭제하는 것뿐이에요. 여러분이 컴퓨터 디스크 정리를 하는 것처럼요. 어떻게 보면 정말 고맙고 감사한 기능이죠!

사실 저도 개인적으로 이런 경험을 많이 해봤어요. 10년이나 되는 시간을 투자해서 스페인어를 열심히 배웠는데, 한국에서 살면서 스페인어가 조금씩 녹슬기 시작했어요. 한국에서 스페인어를 쓸 사람도 없고 쓸 기회도 없었기 때문에 그랬던 것 같아요. 그러던 어느 날 친형과 통화하다가 저는 큰 충격을 받았어요. 저는 친형이랑 대화할 때는 항상 스페인어만 쓰는데, 그날따라 어떤 단어가 안 떠오르지 뭐예요. 그런 일이 전혀 없었던 터라 스스로 너무 놀랐고, 그날부터 스페인어를 절대 까먹고 싶지 않아서 해결책을 찾아보기로 했어요.

좋은 전략만 있으면 실력을 유지할 수 있어요

먼저 저는 스페인어를 까먹을 수 있다는 사실을 받아들였어요. 그다음 더 이상 스페인어가 녹슬지 않도록 전략을 짰어요. 제가 처한 가장 큰 문제는, 한국에서는 전혀 스페인어에 노출될 수 없고 사용할 수도 없다는 거였어요. 그래서 먼저 스페인어 온라인 뉴스 어플을 깔고 무조건 한 시간 동안 읽는 습관을 만들었어요. 원래는 세계 뉴스를 CNN이나 BBC 같은 영문 기사로 접했는데, 그날부터 무조건 스페인어 기사로만 접하도록 습관과 시스템을 완전히 바꿔버렸죠. 잠깐 까먹은 단어들을 다시 머릿속에 떠올리며 되살리기도 하고, 새로운 어휘를 배우기도 했어요. 돈이 전혀 들지 않아서 아주 좋은 전략이었어요. 하지만 여기서 머무르기엔 조금 모자랐어요. 말하기 연습은 전혀 안 됐으니까요. 형과 매일 수화기를 붙잡고 있기엔 형이 조금 바쁘기도 했거든요. 그래서 서울에 있는 '스페인어 모임'을 검색하고, 바로 다음 날부터 나갔어요. 그리고 한 달에 한 번 이상은 가려고 노력했죠. 그곳에서 다시 배운 스페인어 어휘와 문법을 사용해보고 친구도 많이 만들었어요. 이제 미국에 온 저는 똑같은 방법으로 끊임없이 한국어를 연습해요. 한국 드라마, 노래, 유튜브, 팟캐스트, 웹툰을 보고 한국에 있는 친구와 수시로 연락해요. 한국어로 된 문화 콘텐츠가 정말 다양하고 풍부해서 한국어 학습자들에게 아주 좋은 것 같아요.

평생 동안 즐기세요

건강해지기 위해선 평생 운동을 해야 하는 것처럼, 언어도 마찬가지예요. 언어 유학은 1학기, 한 코스로 구성되어 있을지라도 사실 언어 학습은 결승선이 없어요. 돌이켜보면 외국어뿐만 아니라 모국어도 마찬가지입니다. 자각하진 못하지만 우리는 매일 모국어를 사용하면서 평생 단련하는 셈이죠. 수시로 생겨나는 유행어나 새로운 용어를 배우고 적응하고 사용하는 것만 봐도 우리가 얼마나 숨 쉬듯이 언어를 학습하고 단련하는지 알 수 있어요. 모국어도 평생 학습하는데, 외국어도 마찬가지인 건 당연해요. 하지만 평생 한다고 괴로워할 필요는 없어요. 저는 개인적으로 한국어 학습을 '열정'이라고 생각하거든요. 그렇게 외국어를 접하면 평생 재미있게 배우고 즐길 수 있는 것 같아요. 저도 여러분이 평생 영어 학습을 즐길 수 있게 오랫동안 좋은 콘텐츠를 만들고 싶어요.

Lesson 9

현지에서 더욱
빛을 발하는 표현들

Oliver's English

081 햄버거 주문 제대로 하는 필수 표현

A Can I take your order?

주문하시겠어요?

K I'd like a burger and one coke, please.

버거 하나랑 콜라 한 잔 주세요.

A Would you like your burger all the way?

K 엥? All the way? 포장 말하는 건가? No!

(5분 뒤)

K 뭐야! 왜 내 햄버거에 채소는 다 뺐어?!

미국을 여행할 때 꼭 먹어봐야 하는 음식 중 하나가 바로 햄버거입니다. 햄버거의 나라답게 정말 다양한 버거 레스토랑이 있고, 버거 종류도 아주 다양하거든요. 한국에서 음식점마다 김치 맛이 조금씩 다른 것처럼, 미국의 햄버거도 식당마다 맛이 조금씩 달라서 매일 먹어도 질리지 않아요. 그런데 햄버거에 양상추와 피클과 토마토를 다 빼고 먹는 미국인들이 생각보다 많습니다. 제 친구도 채소를 아주 싫어해서 햄버거에 고기나 치즈만 넣어서 먹곤 해요. 직원이 실수로 피클이나 양상추를 넣는 경우에는 다시 만들어달라고 할 정도죠. 그래서 이런 갈등을 피하기 위해서 직원이 주문을 받을 때 '재료를 다 넣어드릴까요?'라고 묻는 경우가 많습니다. 신선한 채소도 함께 먹고 싶다면 절대 No!라고 대답하지 말아야겠죠? 여러분이 미국에서 맛있는 버거를 드실 수 있도록 재료와 관련된 필수 표현들을 알려드릴게요!

➡ EXPRESSIONS 이렇게 말해보세요

● **Would you like your burger all the way?**

버거 재료 꽉 채워드릴까요?

● **Would you like everything on it?**

버거 재료 다 넣어드릴까요?

이렇게 주문해보세요

● **I'd like one cheeseburger all the way, please.**

제 치즈버거에 재료 꽉 채워주세요.

● **Could you make mine all the way, please?**

제 버거에 재료 다 넣어주시겠어요?

● **I'd like everything on it.**

버거 재료 다 넣어주세요.

YouTube TALK

 아주 좋은 질문이네요. 취향에 따라 빼고 싶은 재료는 빼고 먹어야죠! 저는 옛날에 피클을 너무 싫어해서 무조건 피클은 다 빼달라고 했어요. 이런 요청은 아주 간단하게 할 수 있어요. No onions, please라고 하면 아마 대부분 알아들을 것 같아요. 가장 자연스러운 방법은 자기가 먹고 싶은 햄버거 뒤에 with no onions, please를 붙이는 거예요.

- I'd like a cheeseburger with <u>no pickles, please</u>.
  피클 뺀 치즈버거 하나요.

  ★ 피클이나 양파 같은 재료는 꼭 복수로 말하세요!
- I'd like a chicken sandwich with <u>no mustard, please</u>.
  머스터드 뺀 치킨버거 하나요.

- Can I get a cheeseburger with <u>no mayo, please</u>?
  마요네즈 뺀 치즈버거 하나 주문해도 될까요?

- Can I get a double cheeseburger with <u>no onions, please</u>.
  양파 뺀 더블 치즈버거 하나 주세요.

306

082 미국에서 toilet은 화장실이 아니다

(미국 레스토랑 안)

K **Excuse me, where's the toilet?**

▶ **의도:** 저기… 실례지만, 화장실이 어디에 있나요?

웨이터 **···Sorry? What?**

···네? 뭐라고요?

K **Toilet! I need to go to the toilet!**

▶ **의도:** 화장실요! 화장실 좀 가야 할 것 같아요!

손님 **Come on man! I'm trying to eat over here and you're talking about toilets! GROSS!**

이봐! 나 지금 밥 먹고 있는데 왜 갑자기 그 얘기를 하냐! 더럽게!

K **아, 뭐야. 화장실 물어본 건데 왜 흥분하는 거야?**

한국의 공중화장실에 toilet이라고 쓰여 있는 걸 많이 봤어요. 그래서 그런지 많은 분들이 자연스럽게 화장실을 말할 때 toilet이라고 하는 것 같아요. 절대 틀린 말이 아니고 영국에서는 문제없이 쓸 수 있습니다. 하지만 미국에서는 조금 다르답니다. 미국에서 toilet은 '변기'라는 뜻으로 사용되거든요. 게다가 미국인들은 비위가 아주 약하고 상상력이 풍부합니다. 그래서 식사 중에는 '변기'라는 단어만 들어도 변기에 앉아서 용변 보는 모습을 상상하고 불쾌해해요. 한국의 '줄똥했다!', '모닝똥 시원하게 쌌다!' 같은 재미있는 농담을 미국에서는 거의 찾아볼 수 없는 이유도 아마 여기에 있는 것 같아요. 상상력이 쓸데없이 풍부한 미국인들을 배려해주고 싶다면, 미국에서는 toilet 대신 다른 표현으로 화장실을 찾아보세요! 😄

● **Can I go to the toilet?**

(X)

➡ **Can I go to the restroom?**

저 화장실에 가도 돼요?

● **I'm going to go to the toilet.**

(X)

➡ **I'm going to go to the bathroom.**

저 화장실에 갈게요.

● **I was in the toilet.**

(X)

➡ **I was in the bathroom.**

나 화장실에 있었어.

● **Would you like me to show you the toilet?**

(X)

➡ **Would you like me to show you the bathroom?**

화장실이 어딘지 알려줄까?

★ bathroom은 꼭 욕조가 있는 화장실을 의미하지 않아요.
미국에서는 공중화장실을 public bathroom이라고 부르기도 한답니다!

▶ YouTube TALK

구독자 코멘트

비행기에서는 화장실을 lavatory라고 표기했던데, 어떻게 다른가요?

올리버쌤 lavatory는 원래 라틴어 lavatorium에서 나온 표현입니다. 그 의미는 a place for washing(씻을 수 있는 장소)이라고 하네요. 현재는 세면대랑 변기만 있는 화장실을 의미해요. 그런데 평상시에는 사용하지 않고, 보통 비행기 안의 화장실 간판에서만 찾아볼 수 있는 단어예요. 그래서 공공화장실 간판에서는 lavatory라는 단어를 찾아보기 매우 어렵죠. 따라서 식당이나 영화관에서 친구들이랑 재미있는 시간을 보내다가 화장실을 갈 때는 굳이 lavatory를 사용하지 않아도 될 것 같아요.

083 미국인에게 눈 모양 이모티콘 보내지 마라?!

K   오! 제임스에게 문자가 왔네!?

A   ^(문자) Let's meet up at 6!

우리 6시에 만나자!

K   Okay라고만 쓰면 차가워 보이니까 이모티콘도 써야지!
^(문자) Okay~~~ ^^!!

한국에 살 때 친구들에게 ^^ 같은 문자를 많이 받았어요. 제 눈에는 아주 생소한 이모티콘이었고 따로 의미를 알려주는 사람도 없어서 처음에는 고양이 귀 모양이고 친구가 귀여운 척을 하는 거라고 생각했어요. 그런데 그 친구뿐만 아니라 교장 선생님이나 아버지뻘 되는 동료 선생님도 저한테 같은 이모티콘을 쓰시는 거예요. 그래서 제 해석이 틀렸다는 걸 알았죠. 그런데 저만 한국식 이모티콘을 보고 당황한 게 아니더라고요. 나라마다 이모티콘에 차이가 있어서 많은 서양 사람들이 한국식 이모티콘을 생소하게 느낀다고 합니다. 심리학자의 의견에 따르면 동양인은 눈을 보고 감정을 인식해서 ^^나 ㅡㅡ처럼 눈 모양 이모티콘을 사용하는 반면, 서양인은 주로 입 모양으로 감정을 표현해서 입이 없는 한국식 이모티콘을 잘 이해하지 못한다고 해요. 서양에서 자주 쓰이는 이모티콘도 알아보고, 가끔은 미국인 친구에게 한국식 이모티콘을 소개해줘도 재미있겠네요!

● **It was good to see you! :)**

오늘 만나서 좋았어! ^^

★ 웃는 표정

● **Let's watch a movie together! :D**

나랑 영화 보자. ^^ㅋㅋㅋ

★ 이건 활짝 웃는 표정

● **That was so fun! XD**

완전 재미있었어! ^^ ㅋㅋㅋ

★ 신나게 웃는 표정

★ 이 외에 핸드폰에 설치되어 있는 이모지(emoji)를 많이 사용해요.

▶ YouTube TALK

구독자 코멘트

저는 XD가 죽었다는 의미인 줄 알았어요. 만화에서 그렇게 표현하잖아요?

👍 👎

 아이고! 왜 그렇게 생각하셨는지 이해합니다. 말씀하신 것처럼 만화에서 두 눈이 X 모양으로 표시되어 있으면 죽었다는 뜻이죠. 사실 이 질문을 받고 저도 왜 X 모양 눈이 사망을 뜻하게 되었는지 알아봤어요. 여러 가지 설이 있는데, 예전에는 죽은 사람의 눈이 가끔 열려서 X 자 모양으로 꿰맸다는 게 그중 하나라네요. 상상해보니 정말 무섭죠! 하지만 이모티콘 XD는 죽음과는 무관하답니다. X 자가 하나밖에 없잖아요? 여기서 X는 웃을 때 눈을 찡긋하는 모습을 뜻하는 거예요. 저도 빵터지면 어쩔 수 없이 입은 활짝 열리고 눈은 찡긋하게 돼요. 여러분도 웃을 때 눈을 찡긋하시나요?

 ★ 이렇게 양쪽 눈을 모두 X 자로 표시하면 죽었다는 의미

084 말랐다는 칭찬을 욕으로 받아들이는 이유

A Hey, Hyeonsu! Long time no see!

야, 현수야! 오랜만이다!

K Oh! Hi, Mike!

오! 안녕, 마이크!

A How are you doing?

잘 지냈어?

K 응! 아, 근데 너 살 빠졌다. You're so skinny!

▶ **의도:** 말랐다!

A Skinny?… Well… you're fat! See ya! Psh!

말랐다고?… 음… 넌 뚱뚱해! 나 간다! 쳇!

K 뭐? 왜 그런 심한 말을…. 😦

한국에서는, 특히 여자들 사이에서는 '말랐다'라는 말을 칭찬으로 쓰는 경우가 많은 것 같아요. 여자 친구들끼리 서로 '어머~! 너 말라서 부럽다!', '말라서 옷도 잘 어울리네!' 하는 말을 자주 듣게 되더라고요. 영어로는 이 말을 어떻게 표현할 수 있을까요? 많은 분들이 주로 skinny라고 하는데요, 이 말은 문맥이나 상황에 따라 부정적인 뜻이 될 수도 있습니다. 미국에서는 마른 몸에 대한 선호가 좀 낮은 편이고, 특히 남자들에게 이 말은 '근육이 없다', '힘없어 보인다'처럼 들리거든요. 물론 살집 있는 친구가 다이어트 했을 때 You're skinny라고 하면 칭찬으로 듣겠지만요. 부정적인 느낌을 싹 빼고, 긍정적인 느낌만 주고 싶다면 이렇게 말해보세요.

● **You've really slimmed down.**

너 살 많이 빠졌네.

● **He looks slim in that suit.**

그 양복 입으니까 날씬해 보여.

● **I was a lot slimmer in high school. Now I have a one-pack!**

나 고등학교 때 훨씬 말랐는데. 이제 원팩 있어!

★ 원래 식스팩이라고 하는데 살찌면 그냥 뱃살 덩어리 하나죠? 그래서 원팩! 😊

● **How did you get so slim?**

어떻게 그렇게 날씬해졌어?

● **I've never been this slim in my life.**

나 이렇게 날씬했던 적 없어.

● **I want to be slim again.**

다시 날씬해지고 싶다.

314

YouTube TALK

구독자 코멘트

slender라는 단어도 자주 쓰는 표현인가요?

👍 👎

올리버쌤 slender도 자주 쓰는 말이에요. skinny처럼 날씬하다는 뜻인데, 조금 더 긍정적이에요. skinny라고 하면 건강해 보이지 않는 느낌이 있는데, slender는 건강해 보이는 데다 비율도 좋다고 강조하는 느낌이 들거든요. '탄탄하고 늘씬하다'라는 느낌이랄까요? 여성뿐만 아니라 남자에게도 쓸 수 있습니다. 어떻게 사용할 수 있는지 예문으로 보여드릴게요!

- Her goal is to have slender legs.
  걔 목표는 늘씬한 다리를 만드는 거야.

- That suit makes him look taller and more slender.
  그 정장 입으면 그 녀석 더 크고 늘씬해 보여.

- She looks elegant and slender in her wedding dress.
  그분 웨딩드레스 입은 거 우아하고 늘씬해 보여.

085 종교를 묻는 질문이 실례가 되는 이유

K 마이클, 질문 있는데요. Do you have a religion?

혹시 종교 있어요?

A Ah… Excuse me?

아… 네?

K 아, 왠지 교회 나가실 것 같은데? You go to church, right?

교회 다니잖아요, 맞죠?

A Well… Why does it matter?

뭐… 그게 중요한가요?

K 아, 그냥 궁금해서 물어볼 수도 있는 거 아닌가?

위 대화에서 미국인의 반응이 왜 안 좋은 걸까요? 사실 미국에서는 잘 모르는 사람이랑 얘기할 때 가급적 두 가지 주제를 피하는 게 좋은데, 바로 종교와 정치입니다. 이 주제가 민감하다는 것을 대부분 잘 알고 있기 때문에 갑자기 '종교 있어요?'라고 물어보면 상대방이 크게 당황할 수 있어요. 민감한 이유에는 여러 가지가 있는데, 어떤 사람들은 종교가 아주 사적인 일이라고 생각하고, 어떤 사람들은 종교가 없어서 그 주제를 아예 피하고 싶어 합니다. 또 어떤 사람들은 자신의 종교를 비판할까 봐 불편하죠. 특히 직장에선 이런 주제를 피하는 게 좋아요. 물론 당당하게 종교를 밝히는 사람도 있지만, 주변에 다른 종교를 믿거나 무교인 사람이 있다면 분위기가 불편해질 수 있겠죠? 더 친해지기 위해서 이야깃거리가 필요한 거라면 종교보다 중립적인 얘기를 나눠보면 어떨까요?

- **Are you busy on Sunday?**

  일요일에 바빠?

- **What do you do on Sundays?**

  보통 일요일에 뭐 해?

- **What do you normally do on weekends?**

  주말에 보통 뭐 해?

- **Do you want to watch a movie with me on Sunday?**

  일요일에 나랑 영화 보러 갈래?

- **Are you free on weekends?**

  주말에 시간 있어?

★ 교회 다니는 친구라면
일요일에 약속을 안 잡으려 할 테니까
이렇게 질문해볼 수 있어요.
물론 다른 종교와 관련된 질문은
요일을 바꿔서 해볼 수 있겠죠?

▶ **YouTube TALK**

구독자 코멘트

Are you religious?도 종교를 묻는 질문이죠? 미드에서 봤어요!

👍 👎

➥ **올리버쌤** 네, Are you religious?도 쓸 수 있어요. 그런데 뜻이 살짝 달라요. 왜냐하면 단순히 종교가 있냐는 질문이 아니라 '당신 독실하세요?'라는 뜻이거든요. 종교는 있지만 교회, 절 등등 안 다니는 사람도 있잖아요. 이런 사람들은 종교가 있더라도 이 질문에 No라고 대답할 수 있어요. 그래서 종종 어떤 사람들이 I'm Christian, but I'm not very religious(전 기독교인인데, 독실하지는 않아요)라고 하는 것을 들을 수 있어요. 제 친구 중에 아기 때 교회에서 세례를 받았지만 지금은 교회에 안 다니는 녀석이 있는데, 그 친구가 보통 그렇게 말하더라고요. 만약 종교가 없다고 뚜렷하게 밝히고 싶다면 I'm not religious 대신 No. I'm an atheist(아니요, 전 무신론자입니다)라고 말하는 게 더 명확합니다.

318

086 '곱창 먹어요' 잘못 말하면 충격받는 이유

A So what are we having for dinner?

그럼 저희 저녁으로 뭘 먹죠?

K Do you like entrails?

▶ **의도:** 곱창 좋아하세요?

A What? Did you just say entrails?

네? 방금 entrails라고 하셨나요?

K 네! 곱창요! Let's eat entrails!

▶ **의도:** 곱창 먹으러 갑시다!

A Ewwwww, sounds horrible! No thanks!

으으… 무서워요. 전 안 먹을래요!

★ 곱창 좋아하세요? 지글지글 구워서 구운 마늘이랑 먹으면 천국이죠! 마지막에 밥도 볶아 먹으면 정말 맛있어요. 아이고… 생각만 해도 입에 침이 고이네요. 아무튼, 미국인 친구에게 곱창 먹으러 가자고 말해본 적 있으세요? 사실 저는 한국에 살면서 곱창 회식에 초대를 많이 받았어요. 그런데 사람들이 대개 entrail을 사용하더라고요. 아마 사전에 대표적으로 나오는 단어라서 그런가 봐요. 그런데 주의해야 할 부분이 있어요. 한국어에도 내장, 막창, 곱창, 창자 등 여러 단어가 있듯이 영어로도 마찬가지인데, 그중 entrails는 맛있는 느낌보다는 징그럽고 끔찍한 느낌이 강해요. 보통 좀비나 썩은 시체를 묘사할 때 쓰거든요. 혹시 미국인 친구에게 한국 곱창 요리의 신세계를 보여주고 싶다면 entrails 대신 intestines를 써보세요. 그 앞에 어떤 동물의 곱창인지도 밝혀주면 금상첨화고요!

● **Do you want entrails for dinner?**

오늘 저녁으로 창자 먹을래?

➡ **Do you want some intestines for dinner?**

오늘 저녁으로 곱창 먹을까?

● **These beef entrails taste really good!**

그 소 창자 아주 맛있어!

➡ **These beef intestines are really good!**

그 소 곱창 아주 맛있어!

● **Entrails soup is my favorite soup!**

창자 전골은 내가 좋아하는 음식이지!

➡ **Pork intestines soup is my favorite soup!**

돼지 곱창전골은 내가 좋아하는 음식이지!

● **I had fried entrails for lunch.**

점심으로 창자 튀김을 먹었어.

➡ **I had fried intestines for lunch.**

점심으로 곱창 튀김을 먹었어.

★ entrails의 정확한 뉘앙스를 알고 싶다면 구글 이미지에서 검색해보세요.
(다만 비위 약하신 분들은 금지!)

▶ YouTube TALK

> **구독자 코멘트**
> **미국에서도 곱창 구워 먹어요?**
> 👍 👎

올리버쌤 한국의 곱창만큼 인기 있진 않지만 미국에도 비슷한 음식이 있긴 있어요. 미국 남부의 아프리카계 미국인 커뮤니티에서 미국 스타일 곱창 음식을 찾아볼 수 있거든요. 그 커뮤니티에는 여러 가지 soul food(미국 남부 흑인들의 전통 음식)가 있는데요, 곱창도 그중 하나라고 합니다. 한국의 곱창과 비슷하게 돼지 창자로 만들고 chitterlings 혹은 줄여서 chitlins라고 불러요. 보통 삶은 뒤에 튀겨서 핫 소스와 함께 먹는다고 합니다. 한국의 곱창이랑 어느 정도 비슷하죠? 아 참, 그리고 미국에도 한국 족발과 비슷한 게 있다는 사실 아시나요? 미국 남부에서도 족발 음식을 먹는답니다. 이야, 곱창부터 족발까지! 이렇게 보니까 미국 남부랑 한국은 비슷한 점이 참 많네요!

087 '엉덩이에 뭐 묻었어' 완곡하게 말하는 법

K 저… 선생님… You have something on your butt.

> ▶ **의도:** 엉덩이에 뭐 묻었어요.

A W… what? Excuse me?

뭐… 뭐라고?

K 엉덩이에 뭐 묻었다고 알려드린 건데 왜 화내세요. Check your as*!

> ▶ **의도:** 엉덩이 좀 확인해보세요!

A As*?! Go to principal's office! Right now!!

엉덩이?! 교장실로 가! 당장!!

> ★ 미국 학교에서 교장실은 벌 받는 무서운 곳입니다.

한국인 친구랑 청바지를 사러 같이 쇼핑몰에 간 적이 있어요. 맘에 드는 것을 골라서 입고 나왔는데 친구들이 모두 '야, 엉덩이 꽉 낀다!' 라고 하더라고요. 친구들이 공개적으로 '엉덩이'라는 단어를 쓰는 것에 일단 너무 민망했고, 아무렇지도 않게 쓰는 모습에 조금 화가 났죠. 알고 보니 한국말에서 '엉덩이'는 단순히 몸 부위를 말하는, 전혀 민망하지 않은 단어였어요. 하지만 문화 차이 때문인지 영어권에서는 엉덩이라는 단어를 막 쓰지 않아요. 확실히 좀 더 노골적이고 민망하다고 느끼는 것 같아요. 아마 성적인 이미지를 많이 떠올리다 보니 그런 것 같아요. 물론 친한 친구끼리는 쓸 수 있겠지만 예의를 지켜야 하는 사이에서는 좀 더 부드러운 표현이 좋을 것 같아요.

● **You have something on your butt.**

너 엉덩이에 뭐 묻었다.

➡ **You have something on your** backside.

너 뒤쪽에 뭐 묻었다.

● **You have a stain on your ass.**

엉덩이에 얼룩이 있어.

➡ **You have a stain on your** rear end.

너 뒤쪽에 얼룩이 있어.

★ ass는 비속어이므로 가급적 피해주세요.

➡ **You have a stain on the** back of your pants.

너 바지 뒤쪽에 얼룩이 있어.

● **Here, put this cushion under your butt.**

자, 이거 엉덩이 밑에 깔고 앉아.

➡ **Here, sit on this.**

자, 이거 깔고 앉아.

▶ YouTube TALK

구독자 코멘트

hip이라는 단어도 일상적으로 쓰는데, 안 되나요?

👍 👎

올리버쌤 hip은 동글동글한 볼기짝 두 개를 말하는 엉덩이가 아니라 골반 부위를 나타내는 단어입니다. 그래서 어떤 미국 사람이 여러분에게 You have a stain on your hip이라고 말하면 엉덩이가 아니라 골반에 얼룩이 있다는 뜻으로 이해하셔야 해요. 생각해보니까 한국에서는 '힙' 이랑 '엉덩이'를 잘 구별하지 않는 것 같아요. 그러고 보니 제가 한국에서 처음으로 헬스장에 등록했던 날이 생각나네요. 헬스장에 들어서자마자 어떤 광고지를 봤는데 '힙 업 운동'이라고 쓰여 있었어요. 영어로 hip은 골반이니까 저는 자동적으로 '골반을 위로 올리는 운동이라고? 참 희한하군! 어떻게 가능하지?'라고 생각했죠. 😄

088 '아줌마, 아저씨' 번역해서 부르면 큰일 난다

K   어, 저기 아저씨 지갑 흘린 것 같은데? 저기요, 아저씨!!
Uncle?

A   **Excuse me? I'm not your uncle!**
뭐? 난 네 삼촌 아니야!

K   아, 그럼 **Middle aged man?**
▶ **의도:** 중년 아저씨?

A   **Middle… aged? How can you assume my age!**
중년…? 네가 뭔데 내 나이를 판단해!

K   아니, 딱 봐도 아저씨인데. 총각이라고 해야 되나?

 ★ 아줌마, 아저씨는 영어로 뭐라고 할까요? 이름을 부르자니 예의 없게 들릴 것 같고, 이름을 모르는 경우도 많잖아요?! 사전에서 이 단어를 찾아보면 uncle, ant, middle age woman, middle age man 등등이 나와요. 크게 틀린 말은 아니지만 문화 차이 때문에 오해를 부를 수도 있답니다. 한국에서는 가족이 아니더라도 친근하게 할머니, 아저씨, 아줌마라고 부르지만, 미국에서는 가족이 아니면 절대 그렇게 부를 수 없거든요. 게다가 할머니, 할아버지, 아저씨, 아줌마 같은 말은 어느 정도 나이를 판단하고 부르는 말이기에 어떤 미국인들은 '뭐야, 방금 내 외모를 보고 나이를 판단한 거야?' 하고 예민하게 반응할 수도 있어요. 그래서 딱 봐서 아주 나이가 많아 보이더라도 절대 나이와 관련된 표현은 쓰지 않는 것이 안전하답니다!

- **Excuse me, old lady.**
  (X)

→ **Excuse me, ma'am.**

  저기요, 아줌마!

- **Excuse me, uncle!**
  (X)

→ **Excuse me, sir.**

  저기요, 아저씨!

- **Excuse me, grandma.**
  (X)

→ **Excuse me, ma'am.**

  저기요, 할머니!

- **Excuse me, grandfather!**
  (X)

→ **Excuse me, sir.**

  저기요, 할아버지!

▶ YouTube TALK

> **구독자 코멘트**
>
> 요즘은 외모로 성별을 파악하기 어려울 때도 많은 것
> 같아요. 남녀 구별이 안 될 땐 어떻게 불러야 할까요?
>
> 👍 👎

올리버쌤 아주 좋은 질문이네요. 실수로 상대방의 성별을 틀리게 말
하면 아주 민망해질 수 있으니까요. 저는 개인적으로 상대방의 성별이
애매해 보이면, 처음부터 성별을 언급하는 표현은 피해요. 대신 Excuse
me 혹은 Pardon me라는 표현을 사용하죠. 만약 반응이 없으면 반복적
으로 Excuse me/Pardon me라고 하시면 됩니다. 듣는 사람도 기분 나
빠하지 않고, 저도 마음 놓고 상대방을 부를 수 있죠.

- Excuse me, you dropped your wallet.
  실례합니다만, 지갑 떨어뜨리셨네요.

- Excuse me, do I know you from somewhere?
  실례합니다만, 저희 어디서 만난 적 있나요?

- Excuse me, do you know where the bathroom is?
  실례합니다만, 화장실 어딘지 아세요?

- Pardon me, can I ask you a question?
  죄송한데요, 뭐 좀 물어봐도 돼요?

- Pardon me, do you know what time it is?
  죄송한데요, 몇 시인지 아세요?

089 '점심 사줄게'라는 말에 당황하는 이유

K Jake! What are you going to have for lunch?

제이크! 점심에 뭐 먹을 거야?

A Oh. I brought a sandwich today.

아. 나 오늘 샌드위치 가져왔어.

K 에이, 빵으로 밥이 되냐. 내가 사줄게. I want to buy your meal!

▶ **의도:** 내가 밥 사줄게!

A It's not for sale. My mom made it just for me.

이거 파는 거 아니야. 엄마가 날 위해서 만든 거라고.

K 아, 뭐야! 내가 사준다니까!

 친구나 동료한테, 혹은 좋아하는 사람에게 '제가 점심 살게요', '저녁 식사 대접하고 싶어요' 같은 표현 자주 쓰시죠? 그 말을 영어로는 어떻게 할까요? 꽤 많은 분들이 I want to buy your lunch, I'll buy your meal이라고 말해요. 하지만 그렇게 말하면 상황에 따라 상대방이 여러분의 호의를 오해할 수 있답니다. 보통 이런 문장은 밥을 같이 먹고 있는 상황에서 '네가 먹은 거 내가 계산할게'라는 뜻으로 사용되거든요. 그래서 같이 밥을 먹고 있는 상황이 아니라면 아주 뜬금없이 들릴 수 있어요. 그리고 '네가 가지고 있는 점심을 내가 돈 내고 살게, 나한테 팔아' 하는 뉘앙스로 정말 크게 오해할 수 있어요. 상대방이 가지고 있는 밥을 사고 싶은 게 아니라 밥을 사주고 싶을 땐 이렇게 말해보세요.

- **Let me buy you dinner.**

  내가 저녁 사줄게.

  ★ Let me를 써서 '내가 저녁 살 수 있게 허락해줘'라는 부드러운 느낌이 생겨요.

- **Let me take you out to eat.**

  제가 밥 살게요.

- **Let me treat you to lunch.**

  제가 점심 대접하고 싶어요.

  ★ treat를 쓰면 더 공손해져요.

- **I'd like to buy you dinner.**

  저녁 사드리고 싶네요.

  ★ 정중하고 부드러운 표현

▶ YouTube TALK

구독자 코멘트

It's on me는요?

👍 👎

 가끔 친구한테 한턱 쏘고 싶을 때 '내가 쏠게', '내가 계산할게'라고 말하죠? It's on me는 바로 그런 표현과 아주 비슷해요. 이미 같이 밥 먹기로 약속한 상황이나, 같이 밥을 먹고 있거나, 다 같이 밥을 먹고 나서 쏠 수 있어요. 미국에도 한국과 비슷한 정이 있나 보네요. 미국인 친구에게 밥을 쏘고 싶다면, 식당 직원이 계산서를 가져오자마자 바로 그것을 집어 들고 It's on me today라고 말해보세요! 연습해볼 수 있게 여러 예문을 보여드릴게요.

- It's on me.
  내가 쏠게.

- Tonight it's on me.
  오늘 밤은 내가 쏜다.

- It's on me this time.
  이번엔 내가 살게.

- It's on me. Why would I let you pay on your birthday?
  내가 쏠게. 네 생일인데 네가 왜 내?

090 am not의 줄임말은 amn't가 아니다

A Hey, what's up?

야, 뭐 하냐?

K I heard you had a birthday party yesterday.

너 어제 생일 파티 했다며.

A Oh… Yeah.

응… 맞아.

K 그런데 나는 왜 초대 안 했어? I'm your friend… amn't I?

▶ **의도:** 나도 네 친구잖아, 아냐?

★ '그 사람 잘생겼다, 그렇지?' 이렇게 문장 뒤에 추가로 의문문을 붙이는 부가의문문 문법, 여러분도 영어 교과서에서 이미 배우셨죠? is를 사용한 문장은 isn't, are를 사용한 문장은 aren't를 사용한다고 잘 배우셨을 거예요. 그럼 am을 사용한 문장은 어떨까요? am not을 줄여서 amn't라고 해야 할 것 같지만, 미국인들은 발음이 까다롭고 어려워서 그렇게 말하지 않아요. 이때는 축약형을 쓰지 않고 그냥 am I not?이라고 합니다. 그런데 문법을 따지지 않고 일반적으로 편하게 말할 때는 aren't를 사용하기도 해요. 교과서에는 안 나오는 표현이지만 실생활에서 정말 많이 쓰인답니다.

- **I'm your friend, aren't I?**

  나 네 친구잖아, 아니야?

- **I'm good at painting, aren't I?**

  나 그림 잘 그리잖아, 안 그래?

- **I'm so charming, aren't I?**

  난 너무 매력적이야, 안 그래?

- **I'm the best, aren't I?**

  난 최고잖아, 안 그래?

- **I'm fat, aren't I?**

  나 뚱뚱하지, 그렇지?

- **I'm your enemy, aren't I?**

  난 네 적이잖아, 그렇지?

구독자 코멘트

ain't일 거라고 생각했는데, aren't I로도 쓰는군요. 새롭게 배웠습니다!

👍 👎

(올리버쌤) ain't도 틀린 표현은 아닙니다. 남부 지역에서는 아주 자주 쓰는 표현이거든요. 저도 텍사스 사람이라 ain't라는 표현을 아주 많이 들었어요. 게다가 요즘은 남부 사투리가 유행처럼 되어서, 미국 영화나 미국 드라마에서도 흔하게 들을 수 있어요. 따라서 Aren't I?를 Ain't I? 로 대체하는 것도 가능합니다. 그 외에도 아주 다양하게 쓸 수 있어요. Ain't I? Ain't you? Ain't she? Ain't they? Ain't we? 등등등! 1인칭이든, 2인칭이든 고민 없이 말해도 되니까 아주 편리하죠. 하하!! 여러분도 친구랑 대화할 때나 미국 영화를 볼 때 재미있게 활용해보세요. 물론 면접을 볼 때나 논문을 쓸 때는 피하는 게 좋습니다. 자주 쓰인다고 해도 비격식적인 표현이니까요. 😄

QUIZ 퀴즈

001 버거 재료 꽉 채워드릴까요?

002 저 화장실에 가도 돼요?

003 오늘 만나서 좋았어! ^^

004 너 살 많이 빠졌네.

005 주말에 시간 있어?

006 오늘 저녁으로 곱창 먹을까?

007 너 뒤쪽에 뭐 묻었다.

008 저기요, 아줌마!

009 내가 저녁 사줄게.

010 나 네 친구잖아, 아니야?

Would you like your burger all the ▮?

Can I go to the ▮?

It was good to see you! ▮

You've really ▮ down.

Are you ▮ on weekends?

Do you want some ▮ for dinner?

You have something on your ▮.

Excuse me, ▮.

▮ ▮ buy you dinner.

I'm your friend, ▮ I?

올리버쌤의 영어공부팁 ❾

유튜브 채널 구독자들이

가장 많이 하는 질문에 대한

올리버쌤의 답변

Q _____
유학할 때 혼밥해도 되나요?

A _____
제가 대학교를 다닐 때, 한국에서 유학 온 학생들이 꽤 많았어요. 오며 가며 인사하고 친하게 지냈죠. 그러던 어느 날 저는 학교 식당에서 혼자 밥을 먹고 기숙사로 돌아가고 있었어요. 그러다가 한국인 유학생 친구 두 명을 만났어요.

> **한국인 친구들:** 어이! 올리버! 어디 가?
>
> **나:** 나 지금 밥 먹고 기숙사 돌아가는 중이야.
>
> **한국인 친구들:** 그래? 누구랑 밥 먹었어?
>
> **나:** 혼자 먹었지.
>
> **한국인 친구들:** 뭐?! 왜? 너 괜찮아?
>
> **나:** ??????????????? (왜 이렇게 놀라지?)

336

저는 사실 그때 배도 부르고 맛있게 먹어서 아주 행복한 상태였어요. 그런데 혼자 먹었다고 하니까 친구들 눈이 엄청 커지지 뭐예요. 미소를 짓던 친구들의 얼굴이 제가 '혼자'라는 단어를 내뱉자마자 걱정스러운 표정으로 변했어요. 그리고 계속해서 Why? Are you okay?라는 말을 반복했어요. 혼자 점심을 먹은 제 상황을 아주 안쓰럽게 여기는 것 같았어요. 그땐 한국 친구들이 왜 그렇게 놀라는지 이해하지 못했죠.

그 후에 한국에서 생활하게 되면서 그날의 일을 이해하게 됐어요. 미국과 다르게 한국에서는 음식을 누군가와 함께 먹는 문화가 발달한 것 같더라고요. 식당에서 음식을 시키면 2인분이 한 솥에 나와서 같이 먹는 경우도 많고요. 고기집에 가서 1인분만 시켜서 삼겹살을 구워 먹는 일도 흔치 않죠. 특히 한국에서는 음식을 나눠 먹는 문화가 아주 강하다는 느낌을 받았던 사건이 있었는데, 초등학교에서 근무할 때 쉬는 시간에 어떤 아이가 가방에서 사탕을 하나 꺼냈어요. 저는 당연히 사탕이 하나뿐이니 혼자 먹겠거니 생각했어요. 그런데 그 아이가 주위 친구들을 살피더니 사탕을 책상 위에 내리쳐서 조각을 낸 뒤 친구와 나눠 먹지 뭐예요. 아이들은 작은 사탕 조각을 나눠 먹으며 우정과 끈끈한 정을 느끼는 것 같아 보였어요. 책에서만 배운 '콩 한 쪽도 나눠 먹는다'라는 속담을 두 눈으로 본 사례였죠.

함께 음식을 먹으며 사랑을 느끼고 정을 나누는 한국의 음식 문화를 몸소 체험한 뒤로 미국에서 유학하는 한국인 학생들이 외로움을 크게 느끼는 이유 중 하나가 바로 이런 문화 차이가 아닐까 생각하게 됐어요. 한국의 끈끈한 공동체 문화와 다르게 미국 사람들은 아주 개인주의적이거든요. 미국인에게 음식이란 '나눠 먹으며 정과 사랑을 나누는 매개체'라기보다는 그냥 단순히 '내 몸에 영양소를 공급하는 맛있는 것'입니다. 그래서 미국인들은 혼자 혹은 알아서 챙겨 먹는 경향이 아주 강해요. 그렇기 때문에 한국 유학생 친구가 혼자 밥을 먹고 있는 모습을 봐도 아무렇지 않고, 다정한 한국인 친구처럼 같이 먹어주려는 행동을 안 할 수도 있어요. 차갑게 대하는 게 아니라 그냥 그런 행동이 몸에 밴 거죠.

하지만 그렇다고 한국인 유학생들이 무조건 혼자 먹어야 하는 건 아니에요. '친구니까 (미국인 친구가) 당연히 같이 먹어주겠지'라고 기대했다가 실망하지 말고, 그냥 먼저 Do you want to get something to eat with me?(나랑 같이 뭐 먹을까?)라고 말해보세요. 확실히 더 친해지고 영어 연습도 많이 할 수 있을 거예요. 같이 한국 식당에 가거나, 집에서 삼겹살 파티를 하는 것도 좋겠죠? 한국 음식을 맛보면 누구나 뿅 가버리고 마음속에 사랑이 더 생길 테니까요!

Lesson 10

한국인이
어려워하는 표현
상황별 마스터

부담스럽다
: 의무, 눈빛, 압박

A   Hey, what are you eating?

야, 너 뭐 먹냐?

K   Cookies. My mom got these in Italy.

쿠키. 엄마가 이탈리아에서 사 오셨어.

A   Oh… Cool!

오… 부럽다!

K   뭐야, 왜 그렇게 쳐다봐. It's a burden!

▶ **의도:** 부담스러워.

'엄마가 자꾸 성적으로 부담 줘', '저 사람이 자꾸 부담스럽게 쳐다본다' 처럼 부담스럽다는 뜻의 표현, 일상생활에서 많이 쓰시죠? 이걸 영어로는 어떻게 말할까요? 사전에서 부담을 검색하면 burden이 나오네요. 틀린 건 아니지만 이 표현만 알고 있으면 가끔 어색하게 느껴질 수 있어요. 일대일 매치가 안 되는 표현이라서 그래요. 업무로 부담 될 때, 누가 부담스러운 눈빛을 줄 때, 부담스러운 선물을 받았을 때, 압박으로 부담이 될 때 등등 한국말로는 모두 '부담스럽다' 라고 말할 수 있지만 영어로는 그렇지 않거든요. 상황별로 표현이 다르기 때문에 그에 맞는 표현을 알아두시면 좋을 거에요!

의무나 업무로 부담스러울 때

● **I don't want to burden you with my problems.**

내 문제로 너한테 부담 주기 싫어.

● **The medical bills have become a serious burden.**

의료 보험료 너무 부담스러워.

눈빛이 부담스러울 때

● **I feel really uncomfortable when my boss stands behind me.**

사장님이 뒤에 서 있으면 부담스러워.

● **Why are you staring at me like that? You're making me uncomfortable!**

왜 그렇게 쳐다봐? 부담스럽다!

압박으로 부담스러울 때

● **My parents are always pressuring me about my grades.**

부모님은 항상 내 성적으로 부담을 줘.

● **I don't want to pressure you, but you have to start planning the project.**

부담 주기 싫지만 너 빨리 프로젝트 시작해야 해.

YouTube TALK

 구독자 코멘트

돈 문제로 부담스러울 때는 어떤가요? The amount of money burdens me? 아니면 Dealing with that much of money is pressuring me?

👍 👎

올리버쌤 The amount of money burdens me라고 하면 상대방이 이해하긴 할 거예요. 그런데 살짝 어색해요. 보통 burden을 동사로 쓸 때는 사람을 주어로 사용하거든요. 그래서 이런 경우에는 burden을 명사로 활용하면 훨씬 더 자연스러워져요. 이렇게요.

- The amount of money is a real <u>burden</u> to me.
  그 금액은 나한테 너무 부담이 돼.

두 번째 문장도 주어 자리에 물건이 있어서 어색해요. 마치 돈이 '야! 나한테 돈 줘봐!'라고 하는 것 같거든요. 저라면 이렇게 말할 것 같아요.

- Dealing with that much money is a lot of pressure.
  그 정도 돈 해결하는 거 정말 부담스러워.

이 외에 돈 때문에 힘들 때 쓸 만한 표현으로 afford를 추천합니다. 위의 예문에도 모두 이 동사를 활용할 수 있어요.

- I can't <u>afford</u> that amount of money. 나 그만한 돈 감당 안 되는데.

- Dealing with that much money is something I can't <u>afford</u>.
  그 정도 돈은 내가 감당 못 할 수준이야.

092 당황하다
: 뜬금없음, 갑작스러움, 혼란스러움

A You know my new girlfriend Jenny?

너 내 새 여자친구 제니 알지?

K Oh. The girl you've been dating for a month?

아. 사귄 지 한 달 된 애 말이야?

A Yeah⋯ She proposed to me this morning.

응⋯ 오늘 아침에 걔가 나한테 프로포즈했어.

K 헐? 고작 한 달 됐는데? You must have been embarrassed!

▶ **의도:** 너 당황했겠다!

A ⋯Embarrassed?

 이미 알고 있는 분들도 계시겠지만 embarrassed는 '당황하다'보다는 '창피하다'라는 뜻에 가까워요. 당황스럽게도 '당황스럽다'에 딱 맞는 영어 표현은 없답니다. 물론 미국인들도 당황스러운 감정을 느껴요. 다만 한국말의 '당황하다'처럼 광범위하게 쓰는 말은 없고, 영어로는 상황이나 느낌에 따라 각기 다른 표현을 씁니다. 그래서 한국어가 모국어인 분들이 당황한 감정을 영어로 말하기 어려워하는 것 같아요. 제가 상황별로 대표적인 세 가지 표현을 알려드릴 테니 우선 '이런 표현들이 있구나' 하는 정도로 알아뒀다가 각 상황에 처할 때마다 그에 맞는 표현을 써서 복습해보세요. 한꺼번에 외우거나 기억하는 방법보다 더 효과적일 거예요.

EXPRESSIONS 이렇게 말해보세요

뜬금없어서 당황스러울 때

● **The student's comment threw me off and I forgot what I was about to say.**

학생이 한 말 때문에 당황해서 하려던 말을 까먹었어요.

생각지 못한 상황에 당황했을 때

● **The questions caught the president off guard.**

그 질문으로 대통령이 당황했지.

● **That must have caught you off guard!**

그것 때문에 너 당황했겠다.

★ 한 달 된 애인에게 프러포즈를 받은 친구에게 써볼 수 있어요.

심장이 쿵쿵 뛰면서 크게 당황했을 때

● **Tod lost his wallet and he's totally freaking out right now.**

토드가 지갑 잃어버려서 지금 엄청 당황했어.

● **When he heard the election results he flipped out.**

그분은 선거 결과를 듣고 크게 당황하셨어요.

▶ YouTube TALK

구독자 코멘트

puzzle에도 '당황하게 하다'라는 뜻이 있던데, be puzzled라고 쓰는 건 어떤가요?

👍 👎

 올리버쌤 가끔 완전히 헷갈리거나 혼란스러울 때 있잖아요? 이런 경우에 puzzled라는 표현을 사용하시면 적절합니다. confused와 아주 비슷해요. 예를 들어 친구랑 같이 밥 먹고 있는데 친구가 갑자기 I'm going to the Moon tomorrow(나 내일 달에 간다)라고 하네요. 뜬금없이 말도 안 되는 소리를 하니까 저는 I'm so puzzled. What are you talking about?(나 너무 혼란스러워. 무슨 소리야 그게?)라고 할 수 있겠죠.

- She looked completely puzzled.
  그 친구 아주 혼란스러워 보였어.

- He was puzzled by what his girlfriend said.
  그 녀석은 여자친구가 한 말 때문에 혼란스러워 했어.

- I'm completely puzzled about what happened last night.
  어젯밤에 생긴 일 때문에 완전 혼란스러워.

- Why do you have that puzzled look on your face?
  왜 그렇게 혼란스러운 표정을 짓고 있냐?

093 고민하다
: 선택지가 있을 때, 심사숙고, 근심

A **What are you doing, Arim?**
아림아, 뭐 해?

K **I'm trying to order a new bag online.**
온라인으로 가방 좀 사려고.

A **Oh! What color is the bag?**
어떤 색깔 살 건데?

K **모르겠어… I'm worrying about it.**
▶ **의도:** 고민 중이야.

A **Worrying?**

많은 분들이 '고민하다'라는 표현을 영어로 말할 때 어려워하고, 결국 사전에 나오는 worry를 활용하게 되는 것 같아요. 하지만 이렇게 말한 뒤에 왠지 석연치 않은 기분이 드는 것은 왜일까요? 저도 한국어의 '고민하다'가 '마음속으로 괴로워하고 애를 태우다'라는 의미라고 배웠어요. 이 의미에 딱 부합하는 영어 단어는 worry가 맞고요. 하지만 실제로 '고민하다'라는 표현을 쓸 때 꼭 괴롭거나 애 태우는 상황인 건 아니잖아요? 예를 들어 부모님께 무슨 선물을 드릴지 고민할 때나, 저녁에 뭐 먹을지 고민될 때처럼요. 그래서 '고민하다'를 worry와 일대일로 매치시키면 표현이 어색해질 수도 있어요. 실제 대화에서 자연스럽게 말할 수 있도록 상황별로 표현을 정리해서 알려드릴게요!

선택지가 많은 고민

● **I'm trying to figure out what to get my mom for Christmas.**

   엄마한테 크리스마스 선물로 뭘 사 드릴지 고민 중이야.

● **I'm trying to figure out what to eat for dinner.**

   오늘 저녁으로 뭐 먹을지 고민 중이야.

Yes or No 중에서 선택하는 고민

● **I'm trying to decide whether or not I should get my girlfriend a gift.**

   여자친구한테 선물 줄지 말지 고민 중이야.

● **I'm trying to decide whether or not I should eat fried chicken.**

   치킨 먹을지 말지 고민 중이야.

심사숙고하는 고민

● **I'll think about it.**

   고민해볼게.

● **I thought a lot about what you said.**

   네가 한 말에 대해 고민 많이 해봤어.

근심 같은 고민

● **I have a lot on my mind lately.**

   저 요즘 고민 많아요.

▶ YouTube TALK

구독자 코멘트

consider도 think와 비슷한 의미로 외웠어요. 좀 딱딱한 표현인가요?

👍 👎

 살짝 딱딱하긴 해요. 그래도 미국 사람들이 아주 빈번하게 사용해요. consider를 풀어쓰면 think carefully about이라고 할 수 있는데, 사실 think carefully about이라고 하면 너무 길고 consider라고 하면 훨씬 짧고 간결해서 딱딱해도 많이들 사용합니다.

- I'm considering quitting my job.
  나 일 그만두는 거 고려 중이야.

- Have you ever considered what might happen?
  너 어떤 일이 생길지 생각해봤어?

- You're so considerate! Thank you.
  사려 깊으시네요! 감사합니다.

- I didn't know he was such a considerate person.
  그 녀석 그렇게 사려 깊은 놈인지 몰랐는데.

★ considerate(형용사)는 '사려 깊은', '배려하는'이라는 뜻이므로 잘해주는 사람에게 써볼 수 있어요.

094

억울하다
: 오해, 부당한 대우, 누명

K Hey Michael. What's up?

마이클. 무슨 일이야?

A I put my cookie jar on my desk and now, it's gone!

내가 분명 책상 위에 쿠키 병을 뒀는데, 사라졌어!

K Oh, really? That's bizarre!

아, 그래? 이상하네!

A Did you eat all of my cookies?

네가 내 쿠키 다 먹었지?

K 난 쿠키 병 보지도 못했는데 무슨 소리야? I feel unfair!

▶ **의도:** 억울해!

내가 한 일이 아닌데 내가 했다고 오해받을 때 진짜 답답하고 억울하죠? 그래서 그동안 많은 분들이 '억울하다'를 영어로 어떻게 말하냐고 물어보셨어요. 사전에서 검색하면 unfair가 나오는데, 이것을 감정을 표현하는 말로 오해하시면 안 돼요. 이 단어는 상황의 부당함을 항변하는 말이거든요. 사실상 영어로는 '억울하다'라는 감정을 표현할 수 있는 말이 없다고 보시면 돼요. 미국인들도 똑같이 그런 감정을 느끼지만, 감정에 호소하기보다는 오해받는 상황에 대해서 바로 따지는 편이다 보니 상황을 묘사하는 표현이 더 발달한 것 같아요. 그래서 '억울하다'에 딱 맞는 표현을 알려드리기는 힘들 것 같아요. 대신 상황별로 쓸 수 있는 다른 표현들을 정리해봤으니, 앞으로 유용하게 써 보시길 바랄게요!

━ EXPRESSIONS 이렇게 말해보세요 ▬▬▬▬▬▬▬

내가 한 짓으로 오해받을 때

● **I didn't do that. It wasn't me.**

제가 안 했어요. 저 아니에요.

★ 이럴 때는 내가 한 일이 아니라고 먼저 말해요.

오해로 부당한 대우를 받을 때

● **This is so unfair!**

그런 처치는 부당해요!

● **What did I do to deserve this?**

제가 왜 그런 벌을 받아야 해요?

● **I don't deserve this!**

제가 뭘 어쨌다고요!

★ 부당한 처치임에 항변해요.

누명이 벗겨지지 않을 때

● **I'm being falsely accused!**

전 누명을 쓴 거예요!

● **I'm 100% innocent!**

전 100% 결백합니다!

● **I had nothing to do with it!**

전 아무 짓도 안 했다니까요!

★ 혐의나 누명을 벗기 위해 항변해요.

350

▶ YouTube TALK

구독자 코멘트

I'm framed도 같은 뜻 아닌가요?

👍 👎

 올리버쌤 혹시 법과 관련된 미국 드라마를 많이 보셨나요? 내가 잘못한 것도 아닌데, 누군가가 나를 모함해서 누명을 씌울 때 I've been framed라고 할 수 있어요. '모함을 당했어요'라고 풀이할 수 있죠. 법조계에서 자주 쓰이고, 실생활에서는 듣기 힘든 표현이긴 해요. 그래도 잘 알아두면 법과 관련된 영화나 드라마를 볼 때 유용할 것 같아요.

- I was framed for murder.
  저는 살인을 했다고 모함당했어요.

- She was framed for theft.
  그녀는 도둑질을 했다고 모함당했다.

- Do you think he was framed?
  너 걔가 모함당했다고 생각해?

- The corrupt police officers framed him for drug possession.
  부패한 경찰이 그를 마약 소지자로 모함했다.

095 그때부터
: 그 시점부터 과거, 현재, 미래

A Jiho. Do you know Charles?

지호야. 너 찰스랑 친구야?

K Yes. But last time I saw him he stole my lunch.

응. 그런데 저번에 봤을 때 걔가 내 도시락 훔쳐 먹었어.

A Are you serious??

진짜?

K 응! 그래서 그 이후로 말 안 해. I haven't talked to him from that time.

 '그때부터'라는 표현을 영어로 뭐라고 할까요? 그대로 번역해서 from that time을 사용하시나요? 한국어 '그때부터'와 꼭 닮은 탓인지 많은 분들이 from that time이라고 하는 것 같아요. 틀린 표현은 아니지만, 원어민이 자주 쓰는 표현은 아닙니다. 그래서 면접 볼때, 영어 말하기 시험을 칠 때, 에세이 쓸 때 이 표현을 쓰면 아쉬운 느낌이 들죠. 사실 과거의 어느 순간부터 지금까지를 말하는 영어 표현은 아주 다양해요. 그중에 가장 사용 빈도가 높은 대표적인 표현을 골라 알려드릴게요.

그 시점부터 현재까지

● **We've been friends <u>since then</u>.**

우리는 그때부터 친구가 됐어.

그 시점부터 현재와 미래까지

● **We've been friends <u>ever since</u>.**

우리 그때부터 쭉 친구야.

과거부터 과거 혹은 과거부터 현재까지

● **A bully pushed me into a locker. <u>So from then on</u>, I decided to learn how to fight.**

일진이 날 사물함에 가뒀어. 그래서 그때부터 나는 싸우는 법을 배우기로 했지.

★ 꼭 현재를 포함하는 것은 아니므로 지금까지 배우는 중은 아닐 수도 있어요.

▶ YouTube TALK

구독자 코멘트

영어 소설에서 from that day forward라는 표현을 봤는데 이건 '그날부터'로 번역하면 될까요?

👍 👎

 올리버쌤 네! 그렇게 번역하시면 됩니다. 여기서 forward는 시간이 앞으로 가는 느낌을 살리기 위한 장치예요. 한국어로 '쭉', '계속' 같은 느낌이랄까요? 감을 잡을 수 있게 몇 가지 문장 소개해드릴게요.

- We became friends from that day <u>forward</u>.
  우리 그날 이후로 친구가 되었어요.

- She stopped talking to me from that day <u>forward</u>.
  걔 그날 이후로 쭉 나한테 말 안 걸더라.

- From that day <u>forward</u>, I never ate meat again.
  그날부터 계속 난 고기 안 먹었어.

- From that day <u>onward</u>, I stopped eating eggs.
  그날부터 나는 계란 안 먹어.

★ forward 대신에 onward를 써도 됩니다. 같은 뜻이에요.

096 그때
: 그 순간, 예전, 과거의 어느 시점

A Hey, I called you several times!

야! 내가 전화 여러 번 했잖아!

K Oh, really? I'm sorry!

아, 진짜? 미안해!

A Why didn't you pick up your phone?

왜 전화 안 받았어?

K 그때 핸드폰이 없었어. I didn't have my phone with me at that time.

'그때'를 말할 때 영어로 어떻게 말하세요? 사전에서 찾아보니 that time, at that time이라고 나오더라고요. 그래서 그런지 한국 학생들이랑 영어로 대화하면 at that time이라는 표현을 정말 많이 쓰는 것 같아요. 솔직히 이렇게 말해도 원어민이 이해할 거예요. 틀린 표현은 아닙니다. 그런데 사실 '그때'를 뜻하는 표현이 그 외에도 정말 많고, 느낌과 사용 방법도 조금씩 달라요. 그래서 at that time만 고수해서 쓰게 되면 표현력이 제한될 수 있어요. 그리고 한국말 '그때'를 직역해서 쓰는 느낌도 들 수 있고요. 여러분이 '그때'를 영어로 다양하게 표현할 수 있도록 사용 빈도가 높은 표현들로 알려드릴게요.

'그 순간'처럼 좁은 범위

● **At that time, I decided to study English.**

➡ **That's when I decided to study English.**

그때 영어를 공부하기로 결심했어요.

'예전', '당시'처럼 넓은 범위

● **At that time, I knew nothing about Korea.**

➡ **Back then, I knew nothing about Korea.**

그때는 한국에 대해 아는 게 없었어요.

과거의 어느 시점

● **I didn't have my phone with me at that time.**

➡ **I didn't have my phone with me at the time.**

나 그때 핸드폰 안 들고 있었어.

★ at that time도 틀린 건 아니지만 원어민들은 at the time을 더 자주 사용해요.

▶ YouTube TALK

구독자 코멘트

'그날'은 on the day라고 하더라고요?

👍 👎

 올리버쌤 맞아요. 한국어에는 영어와 같은 전치사가 없다 보니 시간에 대해서 말할 때 어떤 전치사를 사용해야 할지 많은 학생들이 헷갈려 하는 것 같아요. 특히 전치사 at이랑 on을 헷갈려하는데요, 요일 혹은 날짜에 대해서 말할 때는 at을 쓰면 안 된답니다. 이 경우에는 전치사 on을 사용해보세요. 아래 예문처럼요.

- I was sick <u>ON</u> that day.
  나 그날 아팠어.

- Let's watch a movie <u>ON</u> Friday.
  우리 금요일에 영화 보자.

- What did you do <u>ON</u> Monday?
  너 월요일에 뭐 했어?

- My birthday is <u>ON</u> the 4th.
  내 생일은 4일이야.

097

언제까지 해요?
: 영업시간, 출근, 불만 표출

K 아, 여기가 그 유명한 맛집인가 보다!

A Welcome to Bubba's Burger!
부바스 버거에 오신 걸 환영합니다!

K 시간이 너무 늦었나? 여기 언제까지 문 열어요?
Until⋯ when do you⋯ open the door?

A Excuse me?
뭐라고요?

K 아⋯ Until⋯ Open⋯ here? 간단한 문장인데
왜 이렇게 어려워? ☹

저녁 늦게 맛집에 도착한 터라 '이 가게 언제까지 문 열어요?' 하고
묻고 싶은 상황이라고 가정해봅시다. 머릿속에 혹시 until이 가장 먼
저 떠오르나요? 물론 그렇게 말할 수 있어요. 아마 Until when is
your business open?이라고 할 수 있겠죠. 하지만 이렇게 말하려
니까 왠지 문장이 어려워지는 느낌, 저만 그런가요? 게다가 문법적
으로 괜찮아도 원어민에게는 어색하게 들릴 수 있답니다. 한국어 표
현을 영어로 옮기다 보면 가끔 문장이 더 어려워지고 까다로워질 수
있는데요, 실제로 원어민들은 until 없이 쉽고 직관적으로 말하곤 해
요. 이 표현을 아주 다양한 방법으로 말해볼 수 있는데, 가장 자연스
럽고 쉬운 문장으로 교정해드릴게요!

358

━ EXPRESSIONS 이렇게 말해보세요 ━━━━━━━

영업시간, 행사 기간에 대해 물을 때

● **When do you close?**

  언제 문 닫아요?(= 문 언제까지 열어요?)

● **When will this event be over?**

  이벤트 언제 끝나요?(= 이 행사 언제까지 해요?)

  ★ 언제 끝나는지 묻는 게 핵심이에요.

일을 시작하는 시점을 물을 때

● **When do you start work?**

  일 언제 시작해요?(= 언제까지 출근해요?)

● **What time do you start work?**

  몇 시에 일 시작해요?(= 언제까지 출근해요?)

  ★ 시작하는 시점을 묻는 게 핵심이에요.

불만을 표출할 때

● **When are you going to stop crying?**

  언제 우는 거 멈출 거야?(= 너 언제까지 울 거야?)

● **When are you going to leave?**

  너 언제 갈 거야?(= 언제까지 여기에 있을 거야?)

  ★ 불만을 표현하는 게 핵심이에요!

▶ YouTube TALK

구독자 코멘트
'이 숙제 언제까지 해야 돼?' 하고 묻고 싶을 땐 뭐라고
하나요?

👍 👎

올리버쌤 맞아요! 숙제는 무조건 기한에 맞춰야죠! 그래서 이 표현도 필수겠네요. 저도 항상 시간에 맞춰서 일을 진행해야 직성에 풀리는 편이라서 한국말을 배울 때 무엇보다 이 표현을 빨리 익힌 것 같아요. 영어로 숙제, 레포트 같은 것의 제출 기한을 말할 때는 due(동사) 혹은 due date(명사)라는 표현을 씁니다.

- When is the homework <u>due</u>?
  그 숙제 언제까지야?

- Do you know when our homework is <u>due</u>?
  그 숙제 언제까지 해야 하는지 알아?

- I can't remember when my math homework is <u>due</u>.
  그 수학 숙제 언제까지인지 모르겠네.

- What's the <u>due date</u> for the science report?
  그 과학 레포트 언제까지 내야 해?

- Do you remember the <u>due date</u>?
  너 제출 기한 기억나?

098

옷 입고 있어
: 이미 입은 상태, 입는 중

A Hey! Jinsoo. Can I come in?

야! 진수야! 나 들어가도 돼?

K 안 돼, 안 돼. Wait! Don't open the door!

기다려. 문 열지 마!

I'm wearing my new pants!

▶ **의도:** 나 새 바지 입고 있어!

A Oh! New pants? Let me see!

오! 새 바지? 어디 보자!

K 뭐야! 바지 입고 있다니까 문을 왜 열어?? 너 변태야?!

★ I'm wearing a shirt라고 하면 어떤 의미가 될까요? 나는 셔츠를 입는 중이다? 현재진행형이니까 '뭘 하는 중이다'라고 생각하는 분이 많은데요, 사실 I'm wearing pants라고 하면 바지를 이미 입은 상태라는 뜻이에요. 그래서 미국에서 쇼핑할 때 피팅룸에서 이렇게 말했다가는 직원이나 다른 손님이 문을 벌컥 열어버릴지도 몰라요. 옷 입는 중이라고 확실히 말할 때는 wear 대신 put on을 써보세요. 이 동사는 상태가 아니라 행동을 말하거든요. 간혹 고급 어휘를 쓰려고 I'm dressed with a shirt와 같은 문장을 쓰는 분도 계시는데요, be dressed는 전체적으로 옷을 입은 상태를 말해요. 예를 들면 막 샤워를 끝내고 나온 룸메이트에게 Hey. My girlfriend's almost here. Get dressed!(야, 내 여자친구 거의 다 왔대. 옷 좀 걸쳐!)라고 말할 때처럼요. 그래서 셔츠나 바지 같은 특정 아이템만 가리키는 표현으로 쓰진 않는답니다.

━ EXPRESSIONS 이렇게 말해보세요 ━━━━━━━

이미 입은 상태를 말할 때

● **I'm wearing a shirt.**

   나는 스웨터를 입었어.

● **I'm wearing pants.**

   난 바지를 입었어.

입는 중일 때

● **I'm putting on a shirt.**

   스웨터를 입는 중이야.

● **I'm putting on pants.**

   난 바지를 입는 중이야.

전체적으로 입는 것을 말할 때

● **You need to get dressed.**

   너 옷 좀 입어라.

   ★ 전체적으로 입는 것을 말하므로 목적어가 절대 붙지 않아요.

▶ YouTube TALK

구독자 코멘트

dress up이라는 표현은 어때요? 셔츠를 입고 있다고 할 때 I'm dressed up with a shirt라고 해도 돼요?

👍 👎

올리버쌤 아주 비슷하게 들려서 많은 분들이 get dressed와 (get) dressed up을 헷갈려하는 것 같아요. She got dressed라고 하면 단순히 '옷을 입었다'라는 뜻인데, She got dressed up이라고 하면 그냥 옷을 입은 게 아니라 옷을 근사하게 '차려입었다'라는 뜻이에요. 면접 혹은 데이트 때는 무조건 get dressed up 해야겠죠? 뒤에 붙은 up을 '스타일 업그레이드'와 연결해서 떠올리면 이 표현을 언제 써야 할지 기억하기 더 쉬울 것 같아요.

099

성공했다

: 사소한 성공, 대단한 성공

A Jiho. What are you doing?

지호. 너 뭐 해?

K Hey! Look what I made!

야! 내가 만든 것 좀 봐!

A Wow! You made muffins?

와! 머핀 만든 거야?

K 응! 처음 만든 건데 성공했어! I succeeded!!

▶ 의도: 성공이야!

'핸드폰 고장난 거 고쳤다! 성공!!', '라면 맛있게 끓이는 거 성공했다!' 이렇게 자랑하듯이 '성공했다!'라고 외칠 때 영어로는 뭐라고 할까요? '성공하다'라는 뜻의 동사 succeed를 살려서 I succeeded라고 하면 될까요? 목적하는 것을 이뤘을 때 우리는 '성공'이라는 말을 써요. 영어로도 같은 의미긴 하지만 to succeed는 격식을 차린 느낌이 들고, 주로 아주 대단한 일에 사용돼요. 물론 대단한 일과 그렇지 않은 일을 구분하는 뚜렷한 규칙은 없기 때문에 본인이 느끼기에 아주 대단한 성공이라면 사용해도 괜찮아요. 하지만 이런 상황에서 미국인들은 다음 표현들을 더 자주 사용한답니다.

자랑스럽게 성공을 외칠 때

● **I did it!**

  성공!

● **I got it!**

  해냈다!

● **I finally did it!**

  결국 해냈다!

● **Finally!**

  드디어 성공!

대단한 성공을 말할 때

● **I succeeded in(at) completing my first marathon.**

  처음으로 마라톤 완주에 성공했어요.

● **I finally succeeded in(at) gaining some weight.**

  나 몸무게 늘리는 거 드디어 성공했어.

▶ YouTube TALK

구독자 코멘트
I made it도 비슷한 의미인 거죠?
👍 👎

올리버쌤 네! I did it 대신 I made it이라고 해도 좋아요. 아마 한국말로 번역하면 '해내다'와 가장 비슷한 것 같아요. 여기에서 it은 말하는 사람이 '도전한 것'으로 보면 될 것 같아요. 자주 쓰는 표현이니까 꼭 기억해두세요.

- I never thought that you'd make it.
  네가 정말로 해낼지 몰랐어.

- We made it!
  우리 해냈어.

- I made it to the top of Mt. Everest.
  나 에베레스트산 완등했어!(정상까지 올랐어!)

- After all those years of work I finally made it as a professional actor.
  나 수년의 노력 끝에 드디어 전문 배우가 됐어.

- She finally made it as a professional dancer.
  그녀가 드디어 전문 댄서가 됐어요.

100 옛날에
: 오래전, 옛 시절, 옛날 옛적에

A I saw a Korean documentary last night!

나 어제 한국 다큐멘터리 봤어.

K 오, 진짜? What was it about?

뭐에 대한 거였는데?

A It was about a tiger living on a mountain.

산에 사는 호랑이에 대한 영화였어.

K 옛날에는 한국에도 호랑이가 살았지! Long long time ago, tigers lived in Korea!

A Long… long…?? Oh, I see! Haha!

롱롱…?? 아, 그래! 하하!

'옛날 옛적에'를 영어로 뭐라고 할까요? 저는 한국에 살면서 정말 많은 분한테 long long time ago라는 표현을 들은 것 같아요. 물론 대부분의 원어민이 이해할 거예요. 하지만 관사가 빠졌기 때문에 문법적으로 어색하게 들립니다. 말하기 테스트에서 감점받기 쉬운 부분이기도 하겠네요. 생각해보니 한국어에는 a, the 같은 관사가 없어서 관사의 중요성을 잘 인식하지 못하거나 생략하고 말하기 쉬운 것 같아요. 하지만 한국어에서 '은, 는, 이, 가'를 빼면 문장의 느낌과 의미가 크게 달라질 수 있듯이 영어의 관사도 아주 중요한 역할을 한답니다. 의미가 통하더라도 그보다 자연스러운 표현을 알아두는 게 좋겠죠. 오늘 표현에서는 관사를 주목해서 익혀보세요!

━ EXPRESSIONS 이렇게 말해보세요 ▬▬▬▬▬▬▬▬

일반적으로 오래전의 시간을 말할 때

● <u>A long time ago</u>, tigers lived in Korea.

　옛날에는 한국에도 호랑이가 살았어.

★ 이렇게도 말할 수 있어요.
In ancient times, tigers lived in Korea.

● I met him <u>a long time ago</u>.

　그 사람을 오래전에 만났어요.

'옛 시절'을 회상하며 말할 때

● <u>In the olden days</u>, we didn't have telephones or TVs.

　옛날에는 전화나 텔레비전이 없었지.

● <u>In the olden days</u>, ice cream was very cheap!

　옛날에는 아이스크림이 정말 쌌는데!

우화에 자주 나오는 '옛날 옛적에'

● <u>Once upon a time</u>, there was a boy that lived in the forest.

　옛날 옛적에 한 아이가 숲속에 살았어요.

● <u>Once upon a time</u>, there was a young prince.

　옛날 옛적에 어린 왕자가 있었어요.

368

▶ YouTube TALK

구독자 코멘트

back in the day라는 표현도 쓰던데, 이건 어느 정도의 과거를 말하나요?

올리버쌤 back in the day는 옛 추억에 대해서 말할 때 쓰는 표현입니다. 특히 나이가 좀 있는 분들이 많이 쓰죠. 꼭 나이가 있어야 쓸 수 있는 건 아니지만요. 추억을 회상하는 상황이라면 누구나 이 표현을 쓸 수 있어요. 저도 고등학생일 때, 초등학교 때부터 친한 친구들이랑 back in the day 얘기를 꺼내면서 재미있는 초등학교 시절 얘기를 하곤 했죠. 어떤 느낌인지 알 수 있도록 예문을 더 보여드릴게요!

- <u>Back in the day</u>, I had time to play games and take my dog on a walk.
  예전에는 나 게임할 시간도 있고 강아지랑 산책도 했지.

- <u>Back in the day</u>, we didn't have to lock our doors.
  예전에는 우리 문도 안 잠그고 다녔어.

- <u>Back in the day</u>, I went skateboarding every day.
  예전에는 나 스케이트보드 매일 탔어.

QUIZ 퀴즈

001 내 문제로 너한테 부담 주기 싫어.

002 그것 때문에 너 당황했겠다.

003 오늘 저녁으로 뭐 먹을지 고민 중이야.

004 그런 처치는 부당해요!

005 우리 그때부터 쭉 친구야.

006 그때는 한국에 대해 아는 게 없었어요.

007 언제 문 닫아요?(= 문 언제까지 열어요?)

008 난 바지를 입는 중이야.

009 결국 해냈다!

010 그 사람을 오래전에 만났어요.

I don't want to _____ you with my problems.

That must have _____ you off guard!

I'm trying to _____ out what to eat for dinner.

This is so _____ !

We've been friends ever _____ .

_____ then, I knew nothing about Korea.

When do you _____ ?

I'm _____ on pants.

I finally _____ it!

I met him a long time _____ .

올리버쌤의
영어공부팁
❿

유튜브 채널 구독자들이

가장 많이 하는 질문에 대한

올리버쌤의 답변

Q_____

유학하면서 향수병에 걸리지 않는 법 있을까요?

A_____

여러분도 잘 아시다시피 제가 한국에서 오래 살았잖아요. 그래서 많은 한국인 친구들이 항상 저에게 '한국 생활 어때? 지낼 만해?'라고 묻고, 그다음 단골 질문으로 '가족 안 보고 싶어?'라고 했어요. 특히 제가 감기에 걸려서 고생할 때 '아이고~! 가족 진짜 보고 싶겠다! 아프면 가족이 제일 보고 싶은데!'라고 입버릇처럼 말했죠. 제가 엄청 안쓰러워 보였나 봐요. 사실 저는 향수병에 크게 걸리지 않는 편이에요. 아마 오랫동안 가족과 떨어져서 여러 나라에서 공부하고 일하는 사이에 나름대로 적응이 된 것 같아요. 가족과 떨어져 처음으로 해외에 간 건 네 살 때였어요. 아빠가 네덜란드에 먼저 가 계신 상태였고 엄마는 따라가지 못하는 상황이라 네 살인데도 씩씩하게 혼자 비행기를 타야했죠. 그 이후에도 청소년기를 거치면서 네덜란드, 멕시코, 스페인 그리고 한국에 갔어요. 그러면서 가족과 떨어져 지내는 데 익숙해졌죠. 하지만 한국에서 8년간 살 때는 조금 달랐어요. 저도 인간이다 보니 향수병에 걸릴 수밖에 없었죠.

372

제일 힘들었던 한국 명절

한국에서 향수병으로 가장 고생했던 첫 번째 순간은 추석이었어요. 갑자기 모든 친구들이 고향으로 내려가려고 짐을 싸더라고요. 그러곤 '안녕! 가족들이랑 즐거운 명절 보내!'라고 서로 인사하더라고요. 하지만 제한테는 어떻게 인사해야 할지 모르는 것 같았어요. 친구들도 제가 추석을 함께 보낼 친구나 가족이 없는 걸 알았으니까요. 저는 애써서 괜찮은 척했지만, 친구들이 가족과 함께 명절 음식을 먹고 소중한 시간을 보내는 것을 보니까 많이 부러웠어요. 그리고 저도 가족이 그리워지기 시작했어요. 슬픔을 잊으려고 TV를 틀었는데, 연예인 가족들이 즐겁게 노는 모습이 절 더 외롭게 만들었죠. 송편을 사 먹어볼 수는 있었지만 그게 가족을 대체할 수 없었답니다.

미국에서 향수병을 겪는 한국인 학생들

미국에도 한국의 설날과 추석 같은 큰 명절이 있어요. 바로 크리스마스입니다. 크리스마스 때마다 긴 휴가가 주어지고, 그래서 아주 큰 가족 모임을 할 수 있어요. 아무리 멀어도 가족을 보기 위해 오랫동안 운전하는 사람들이 아주 많죠. 저도 초등학생 때 외할머니를 보기 위해 텍사스에서 미네소타까지 자동차로 간 기억이 아직도 뚜렷해요. 남쪽의 텍사스에서 북쪽의 미네소타까지는 자동차로 20시간이 걸리죠. 마침내 가족을 만나면 다 함께 식탁에 둘러앉아 근사한 요리를 먹고, 함께 선물을 열어보고, 대화를 나누고, 밖에 나가 함께 눈을 가지고 놀 수 있어요. 1년 가운데 가장 마음이 따뜻해지는 시간이라고 할 수 있죠. 커플끼리 보내는 한국의 크리스마스와는 문화가 조금 다르기 때문에, 미국의 한국인 유학생들은 이날 향수를 특히 많이 느낄 것 같아요. 게다가 그날에는 상점들도 다 문을 닫아서 길거리가 을씨년스럽거든요. 작년 크리스마스에 미국에서 유학 중인 한국인 학생에게 메시지를 받았는데, 룸메이트들이 다 고향에 가버리고 길거리가 텅텅 빈 바람에 더 외로움을 느낀다고 하더라고요. 어떤 느낌인지 알아서 마음이 아팠어요.

향수병을 이겨내는 방법

8년 동안 한국에 살면서 향수병을 이겨내는 방법을 찾으려고 엄청 노력했어요. 추석과 설날에는 특히 더 열심히 연구했죠. 결국 제가 찾은 결론은 집 바깥으로 탈출하는 거예요. 집에 가만히 있으면 더 우울한 기분에 잠기고 눈물이 찔끔찔끔 나오니까요. 저만의 방법은 명절에 문을 여는 카페를 찾아서 혼자 한국어를 미친 듯이 공부하는 겁니다. 혹은 공원에서(공원은 명절에도 항상 문이 열려 있으니까) 스케이트보드를 타는 것도 좋고요. 정신이나 몸을 바쁘게 만들면 향수병을 조금이나마 극복할 수 있는 것 같아요. 하지만 저도 항상 완벽하게 향수병을 이겨내진 못한 것 같습니다. 이제는 미국에서 유학 중이라서 반대로 한국에 대한 향수병에 빠져버렸거든요. 음식도 영 입에 맞지 않고, 주위에 한국어 하는 분들이 많이 없어서 주기적으로 향수병이 몰려와요. 그럴 때는 김치찌개를 끓여 먹거나, 한국 예능을 보면서 마음을 가라앉히곤 한답니다.

우리 항상 재미있는 영어로 만날 수 있겠죠?!
그럼 다음에 봐요, 빠잉~!!!

올리버쌤의 실전 영어 꿀팁 100

초판 1쇄 발행 2019년 6월 12일 **초판 11쇄 발행** 2024년 7월 29일

지은이 올리버 샨 그랜트
펴낸이 최순영

출판1 본부장 한수미
와이즈 팀장 장보라

펴낸곳 ㈜위즈덤하우스 **출판등록** 2000년 5월 23일 제13-1071호
주소 서울특별시 마포구 양화로 19 합정오피스빌딩 17층
전화 02) 2179-5600 **홈페이지** www.wisdomhouse.co.kr

ⓒ 올리버 샨 그랜트, 2019
ISBN 979-11-90065-97-9 13740